――介護・福祉・医療・教育の現場から――

「ひとり」を支える女性たち

WWR（Women's well-being Research）研究会編

学文社

〔著　者〕

中川知子　聖セシリア女子短期大学教授（第1章）
服部満生子　茨城県立医療大学保健医療学部教授・同付属病院看護部長（第2章）
岡　多枝子　川崎市立川崎高等学校教諭（第3章）
松山洋子　岐阜県立看護大学教授（第4章）
佐々木百合子　聖隷クリストファー大学看護短期大学部教授（第5章）
亀井芳子　社会福祉法人なごみ福祉会〈社会福祉士〉（第6章）

（執筆順）

はじめに

二一世紀は「女性の時代」ともいわれています。確かに女性は元気になり、社会での活躍の場が多くなりましたが、世の中には、まだまだ男社会のルールと論理が厳然と存在しています。

このような時代にあって、社会人大学院生として東洋大学社会学研究科において大坪省三教授の「地域社会システム論ゼミ」を修了した女性六名がWWR研究会を立ち上げました。WWRとは、Women's Well-being Researchの略です。男性社会の固い枠組みに縛られることなく、ひとりの人として、ゆるやかに、しなやかに、そしてしっかり生き、各自の専門分野から社会を見つめ、考える研究会です。そんな六名の女性が、人間のライフサイクルのさまざまな側面を、各自の専門領域から描いてみました。

第1章は、保育士教育に従事している中川の「『ひとり』を支えあう女性たち」です。これは、家族・世帯単位が根強い日本社会で、自立して「ひとり」を生きる女性たちが、ユニークな生前予約・共同墓をつくった活動を描き、個としての意識や暮らし方を問いかけました。

第2章「命を守り、社会とつなぐ子育て」は、看護教育に従事している服部が、生まれながらにして病をもった子どもの命を守り、困難と立ち向かって生きる母親を対象とした調査研究を踏まえて医療・福祉・教育の現状分析をしました。

第3章「『生きる力』輝け」は、高校で福祉教育をしている岡が、適切な学習の場とチャンスが与えられ、もてる力を遺憾なく発揮し、輝いていく高校生の姿を描きました。

第4章「介護保険制度のすき間をうめる女性たち」は、看護教育に従事している松山が、町の保健福祉情報誌をつくった女性の活動を通して、住民の選択と自己決定を柱とする介護保険制度の隙間を描きました。

第5章「ひとりで子どもを産む現実と向きあって」では、助産師教育に従事する佐々木が、ひとりで子どもを生み・育てることを選択したシングルマザーの事例をとおして「支えあう」ことの意味を問いかけました。

第6章「障害を抱えている人の社会参加のかたち」は福祉現場で働く亀井が、障害者を抱えた夫婦の事例から障害があっても豊かに在宅生活を継続するための移動の問題を中心に地域リハビリを取り上げました。

女性を主人公に、社会の問題をジェンダーにとらわれず考える参考に役立てていただければ幸いです。また、保健医療福祉分野の授業などでご活用いただけることを願っております。

読者の皆様の忌憚のないご意見・ご感想を多くお寄せいただけることを著者一同心より期待しております。

二〇〇四年　春

WWR研究会一同

目次

第3章 「生きる力」輝け――若者たちへのエール――

第1章

「ひとり」を支えあう女性たち
——みんなでお墓をつくりました——

二一世紀まであと半年となった頃。青空と色鮮やかなバラに囲まれ、バイオリンの調べとともに「個を生きる女性たちの碑」と呼ぶユニークな生前予約・共同墓が誕生した。

家族・世帯単位が根強い社会に、「ひとり」を生きる、女性ばかりのグループが創設したものである。現在、急ピッチで進む少子高齢社会は、同時に制度・政策のみではない、個としての意識や暮らし方を人びとに問いかけている。

本章では、女性の自立支援に活動するグループを通して、生きることを人任せにせず、しなやかに「ひとり」を愉しみ、「ひとり」を生きるコツを考えるきっかけにしていきたい。

第1節■「ひとり」を生きるということ

二〇一五年は、戦争の影響がまだ色濃く、物資の乏しい時代に誕生した戦後ベビーブーム世代が、六五歳になりきる年といわれる。明治・大正生まれの両親に育てられ、青少年期に右肩上がりの高度経済成長を体感した彼らは、いま超高齢社会の将来に向かい、経済不況から生じる社会保障改革の現実に向き合っている。

（1）少子高齢化なんてこわくない

① 漠然とした不安

二〇〇三年の現在、日本の平均年齢は四二歳。それが二〇三六年には五〇歳になり、国民の三人に一人が六五歳以上という超高齢社会がやってくるという。はたして、老後生活はこの国ではどこまで保障されるのか。老後生活の「安心」はやはりお金と家族なのか。老後への不安はつきない。

彼らが一〇代だった一九六〇年、日本の平均年齢は二九歳で、社会全体が若さを標準においてもさほど不都合はなかった。しかし、少子高齢化の波をもろにかぶる二一世紀は、モノもまちも社会のシステムも、人びとの暮らし方も新しい姿に変わらざるを得ない。

今、日本国民である私たちはみな、「超高齢社会」という大きな戸惑いのなかでモデルのない、それぞれの生き方の選択を求められているといえよう。

② 小世帯・小規模化を生きる

総務省「国勢調査」によると、日本の平均世帯人員は一九五〇年には四・九七人（一般世帯）だったが、七〇年には三・六九人まで減少し、さらに二〇〇〇年には二・六七人となった。そのうち、夫婦のみと単独世帯の合計が、七〇年では全体の三〇％であったものが、二〇〇〇年には四七％を占めるまでに家族の人数は減り、小規模化は進んでいる。

そして、少子高齢化などを原因とする家族の小規模化・世帯人員の減少は、今後も続くと見込まれている。なかでもとくに、単独世帯は、二〇二〇年には大半の都道府県においてもっとも多い家族類型になると予測されている（国立社会保障・人口問題研究所「日本の将来推計人口」二〇〇二年一月推計）。

（2）新たな支えあいのシステムとは

筆者自身も、高齢ひとり暮らしを念頭におかざるを得ないベビーブーマー世代に属している。いわば、戦前・戦後の狭間ともいえるこの世代は、善くも悪くも社会状況の影響を受け、時代の雰囲気（気分）をつくっている。戦後の貧しさから国民の生活水準が向上するなか、民主主義や男女平等の広がりは、間違いなく明るく豊かな雰囲気を生んでいったが、しかし一方では、拝金主義、消費主義、受験偏重の競争主義など現代社会と次世代に影響する暗い重苦しさも生んだ。そしてこれから、超高齢社会の現実を生きながら、どんな雰囲気を創り出すのか。国政に対する疑問は残るものの、今、問われているのは個人の生き方そのものではないだろうか。

① 当事者として活動する

かつて平均的な日本人の暮らしは、年をとり、体の動きがままならなくなると、血縁者である家族や親族を頼るものだった。また家族・親族は、そうした年長者の健康を気遣い、食事や清潔な衣服を整え、ことばをかけ、最後の死を看取る役割を果たしていた。その内容や関係性、質そのものは別として、少なくとも社会のなかで「血縁」がシステムとして機能していた。しかし、今日の家族の小規模化と衰退は、その機能と人間関係の変質をやむなくしているといえよう。

年をとっても、血縁者が少なくとも、誰もが安心して楽しく暮らせる社会。温かくて、ひとりでも伸びやかに暮らせる社会の実現には、制度や仕組みの組み替えだけでは解決できない、個人を支えあう雰囲気を社会全体に醸し出すことも必須の課題と思われる。

血縁のみに依拠しない、新しい支えあいのシステムの構築は国や行政の責任ばかりでなく、時代を生きる一人ひとりの責任でもあると自覚すべきであろう。

本章で事例とするグループは、「死」に関わる身の始末を自己決定し、価値観を同じくする人びとと緩やかなつながりもちながら暮らすことをめざす女性たちの集まりである。彼女たちが何に注目し、どう動き、何を得たかの紹介を通して、家族単位から個人単位へと意識転換せざるを得ない時代に、「ひとり」を生きること、支えあうことを考えたい。

第2節■共同墓「個を生きる女性たちの碑」をつくる

（1）「NPO法人SSSネットワーク」の概要

事例としてあげる「NPO法人SSSネットワーク」（以下、SSSと省略）は、一九九九年初冬に、民間団体として東京都目黒区を拠点に誕生した。筆者もその前身の研究会から参加し、その最初より創設メンバーとして現在にいたる。

SSS（スリーエス）とは、シングル（Single）、スマイル（Smile）、シニアライフ（Senior life）の頭文字をとり、ひとりでも楽しく老後が送れるためのネットワークという意味をもっている。

ノンフィクション作家であるMさんが呼びかけ人となり、もともと私的な住まいの研究会であったものを広げ、生活ネットワークづくりに着手した。その過程に共同墓建設があり、完成後にその社会的責任を明らかにするため、二〇〇一年六月、特定非営利活動法人の認証を受け、現在も多方面に活動中の団体である。理事六名、賛助会員に男性はいるものの会員数五三九名（二〇〇三年九月現在）のほとんどは、ほぼ、首都圏に住む五〇～六〇歳代の女性が中心となっている。

①　生き方は個人サイズで

初めに、会の趣旨とメンバー状況をもう少し述べる。

SSSは、伴侶を亡くしてひとりの人、離婚した人、子どもと暮らさない人、独身の人など、何事も家族・世帯単位の日本で、今と将来に「ひとり暮らし」を意識している人たちの集まりである。それらのいわば当事者たちが、「ひとり」をどう受け止めて生きるか模索しながら活動しているところに特長がある。日本では、結婚への意識や、子どもをもつことに対する意識が変わったとはいえ、まだまだ家族や親族など血縁に頼りがちな風潮のなか、「ひとり暮らし」に対する不安は根強くある。また精神的にもひとりを肯定して受け止めかねるという現状があることは否めない事実である。

ＳＳＳ発足にあたっての趣意は、次にように表されている。

結婚してもしなくても、人は「ひとり」。これからはまさにその「ひとり」「個」をどう生きるかが問われる時代ではないでしょうか。

いまさら言うまでもないことですが、日本の社会は家族単位。「個」を大切にする人にとって、とても生きにくくできています。それでも、まだ若いうちはいいのですが、年をとったらどうでしょうか。特にシングルの人は、税金は取られるだけ取られ、老後の保障はないに等しいのが現状です。こうなったら、自分たちの未来は自分たちで手に入れるしかありません。

たった一度の人生、たった一人しかいない大切な自分を、最後まで「個」としてさわやかに生き抜きたいものです。そうでなかったら、ひとりで頑張ってきた意味がないというものです。

「個」として生き続けたいと願っている女性の皆さん、共に学び、交流しながら充実した現在と安心できる未来を手にしませんか。国や家族に頼らない。頼りになるのは自分と同じ価値観を持つ人達。そんな強い思いからＳＳＳネットワークは発足しました。人生において大事なものは何でしょうか。それはお金でも、家族でもない。知恵と勇気と前向きな心、そしてネットワークではないでしょうか。

② 不安の最後から始めよう

発起人であり現理事長のMさんと運営にあたる五名は、全員働く独身女性である。離婚した人、大学生の子どもがいる人、高齢の母親と同居する人とさまざまで、職業も大学教員、会社員、自由業、カメラマンと多種多様。その多くは一九九四年に新聞掲載された記事でMさんの研究会に参加以来、SSS創設メンバーとなった女性たちである。

その当初からの話題、共通する関心事のひとつに、死後の墓はどうするかという問題があった。もちろん誰も自分用はもっていない。将来は、自分で買うか、家の墓に入るか、散骨のいずれかが一般的な選択肢であろう――という話からだった。

しかし、「○○家墓」へのいわば居候、というのも治まりが悪い。また、地方出身者は東京暮らしも二〇年余、今さら縁遠くなった故郷より友人のいる首都圏に眠りたい。かといって、独立した墓は購入に何百万円もかかる。散骨で参る人がないのも寂し過ぎるなどなど、さまざまなホンネが語られるなかでさらに興味が広がった。

当時行った会員の意識調査でも、同様の考えをもつ人が多いことがわかり、さらに「死ぬことにいくらお金がかかるか不安、だから節約・貯蓄する」という気持ちや個人のライフスタイルがみえてきた。つまり、ひとりで生き・暮らす人にとって「死ぬこと」は大きな関心事であり、また不安を突き詰めると、死をどう迎えるかということ、死後の身の始末を誰がどのようにするかということに尽きる。それを自己決定することなしに、現実の生活に安心を得ることはむずかしい。しかし、こうした不安は、家族単位を当然とする社会や生き方からはみえにくい。また、ともすると死を語るのをタブー視する日本的風潮とあいまって、語られる場も機会も少ない。また語ることで、変わった人と異端視されがちなことでもあった。「死者が美しく眠る場所」「墓参をピクニックのように楽しみたい」、豪華でなくてもよいが、心地よい場を生きている間に決めておきたい。また、四〇~五〇歳代のベビーブーマー周辺世代のいわば高度経済成長、生活向上を軽やかに生きた女性たちには暗く・型どおりの墓地像は馴染まない。

会員それぞれの思いや意見も加わり、ついに自分たちの世代の感覚にあったお墓をつくるという、人生の最後から老後設計を考える方針がさだまった。

これがそもそもの共同墓プロジェクトの始まりであった。

(2) 共同墓ができるまで

① 見て・聞いて・調べること

共同墓建設への下調べということでまず訪問・見学したのは、京都にある戦争独身女性のためのものと東京都内の霊園にある合祀墓の二ヵ所である。どちらもその運営は一般市民の団体で、京都は嵯峨野常寂光寺の敷地内にある「女の碑」、東京は「もやいの碑」の名称ですでに歴史もあり、それぞれ、八〇〇~一〇〇〇名の生前契約があった。

いずれも単身者・身寄りの少ない人に廉価で〝最後の場所を本人が生前予約する〟システムをつくっていた。さらに訪問調査では、こうした特別の会ではなく、公営霊園で一般募集をしている多磨・小平霊園などの共同墓も対象とした。実物をみて、代表者の話を聞き、イメージを膨らませたことが大変勉強になった。とくに、同じ女性対象ということで、「女の碑の会」代表のTさんには親切にしてもらい、墓完成後の運営のノウハウも細かく学んだ。そして、一九九八年一一月、何ヵ所かの見学ののち、出会ったのが民間霊園会社のI社だった。

偶然にテレビで紹介されヨーロッパ風庭園を模した千葉県〝バラの咲くガーデニング墓地〟を見学の後、とても気に入った会の仲間たちで検討し、さっそく建設趣意書をもち、全く面識も紹介もないままに新宿本社の責任者を訪ねた。

② 墓の既成概念をくずしたい

SSSがめざした共同墓の基本コンセプトは、「お墓でパーティしませんか?」である。つまり、墓が本来の死者の居場所に留まらず、美しく、人が集える場所。見知らぬ者同士、生きる者と死んだ者が出会い、触れあえる場所づくりをめざしたのである。墓は「家」の象徴であり、ある種、生前の富や地位や名誉の象徴だった時代が長い。さらに天皇家から武士、軍人と墓が表現したものは為政者の権力でもあった。そのなかで、共同・合祀墓は一段低くみられ、近年まで、低所得者の救済という考え方が大方であった。「もやいの碑」発起人のひとりである僧侶のM師は、東京都の墓事情を研究する都市学者らとともに、一九九〇年、墓地不足に警鐘を鳴らす形で合祀墓を建設したという。明らかに墓のもつ意味は変わりつつあった。

建設した当初、SSSの「個を生きる女性たちの碑」もその名前や形から、珍しがられ、朝日新聞「天声人語」(二〇〇〇年四月一四日掲載)での紹介を手始めに、国内の新聞・雑誌、テレビなどで随分と取り上げられている。また、海外メディアの取材対象ともなり、アメリカ本土のニューヨークタイムズ紙や韓国テレビ番組でも紹介された。

その多くの関心は、従来の日本社会にはみられなかった女性の変貌ぶりと家族から他人同士の共同墓への経過、社会的必要を描く意図であったようだ。

③ ボランティアだからできること

SSSにとって最大の理解者・協力者になった民間霊園会社I社は、代々墓石業者から端を発し、現在は東京近郊に四ヵ所の霊園開発を行っている。

同社は、共同墓建設プロジェクトへの希望を全面的に聞き入れ、府中市の所有霊園内での建設用地の提供、墓石デザイン・彫刻・制作まで、無償・無条件で応援してくれた。一九九八年一一月の訪問から二〇〇〇年五月完成までの約一年半のミーティングと作業の過程はすべてにおいて貴重な体験であり共同作業であった。

建設上とくに工夫を凝らしたのは、墓石と周辺のデザインである。イタリア産の大理石のテーブルとベンチ、芝生、クリスタルの墓碑銘、後にこの墓石デザインは同業者の話題となり、I社は墓石業者団体の表彰を受けた。

共同墓の建設が進むなか、SSS内部の作業も具体化し、会員への建設説明、利用規定や内容の詰め、運営管理は大きな課題ともなった。また、I社との契約内容や法的な確認はもとより、霊園の経営母体であるお寺の調査も実施した。実際に現地に足を運び、さまざまな検討を重ね、法的なことは弁護士に相談しながらではあったが、墓地埋葬法の学習会もスタッフの課題であり、これらすべてを素人の手で行った。振り返ると、代表者であるMさんの作家としての知名度もさることながら、SS

Sの根底に流れる〝人のためにできることはやる〟純粋なボランティア精神と熱意がI社を動かし、成功をおさめたのは間違いない。

（3）お墓でパーティしませんか？

① 気分は爽やかクリスタル

二〇〇〇年五月五日、共同墓は完成し、碑の除幕式が行われた。

霊園は東京都郊外、都心である新宿から電車で三〇分の交通至便・静かな住宅地にある。付近は都立多磨霊園、アメリカンスクールもある静かな場所である。敷地面積約九〇〇坪に九九七区画があり、そのうち広さ六畳分の一区画に、芝生を植えた場所をつくり、その地下に納骨室が設けられている。埋葬方式は散骨式と骨壷式を選択できるようになっている。大多数が骨壷式を選択することを予測して骨壷は小さいもの、残りの骨は碑のなかの納骨スペースに合祀される。収容三〇〇体、SSS会員の専用が原則である。

費用は納骨埋葬・永代供養・維持管理すべてを込みで二〇万円。宗教不問。あくまでも納骨・供養のみで葬儀は行わないのが主旨だ。

バラの花が季節ごとに咲き乱れるヨーロッパ庭園にマッチしたクリスタルの碑には、「個を生きる女性たちここに集う」の文字が刻まれる。すぐ傍にはシンプルに契約者の名前・生年月日が刻まれ、死後に物故年月日のみを刻む耐震クリスタルのボードがある（写真1-1・1-2）。

会員たちに初めて披露され、バイオリンの調べで始まった除幕式では、その素晴らしさにため息と

写真 1—1　個を生きる女性たちの碑

写真 1—2　バラの花に囲まれた墓の全景

歓声があがった。

② 天国までご一緒に

創設から三年を経た現在、契約者一〇九名、うち物故者三名（二〇〇三年九月現在）が現況である。創設に関係した誰もの予測をはるかに上回ったスピードで、契約が進む。宣伝は霊園からもSSSからもとくにはない。口コミとマスコミのお陰とでもいえようか。

SSSが取り決めた生前契約の内容は、焼骨となった時点で発生する。基本は会員と霊園管理者が直接に契約書を交わす形態で、納骨から死後の祭祀を三三年間行うというシステムとなっている。碑完成後から、SSSが直接的に行うのは、登録者名簿の管理と年一回碑の前で追悼会を営むことである。法事を別途に親族・家族が希望することも自由にできるが、会としてのセレモニーを実施している。SSS事務局には登録者本人が届け出た名前・生年月日・住所とともに、好きな写真一葉と好きなことば、好きな歌・音楽などが記録されるカードがある。恒例の追悼会ではその年に亡くなった人の名前を呼び、写真を飾り、愛唱歌を歌い、参加者全員で香華を手向ける。集う人びとの表情は一様に明るい。「いずれご一緒」の間柄から、気さくで肩の凝らない新しい人間関係も生まれてきた。死ぬことが怖くなくなった、同じ価値観をもつ人と出会えた幸せ、死後に見知らぬ人が詣でてくれるのはうれしい……と語る。その意味は深い。

第3節■生き方の多様化時代を迎えて

（1）キーワードは「ひとり」

共同墓創設より三年を経て、自立支援型NPO法人として社会的に認知されるようになったSSSでは、現在大きく二つの柱立てで事業を進めている。

その第一は、SSSの考え方の提唱、個の啓発に関するもので、広く一般を対象に「ひとり安心大学」などの講座・セミナーを実施している。第二は、「ひとり」を支える助け合いのネットワークづくりで、他のNPOや団体との連携とともに精神的に支えあう仲間づくりを支援するものだ。

①「長寿」は新たな女性問題

SSSの会員五三九名をその分布状況からみてみる。地域分布では、首都圏の東京（二五〇名）を主に神奈川・埼玉が各五〇名を超え、一〇名以上在籍する県が千葉・大阪・兵庫・愛知・静岡の順で続く。県の数からみると三六都道府県に及び、その関心が必ずしも都市部ばかりではないことがうかがえる。年齢分布では、ベビーブーム世代である五〇歳代が全体の半数を占め、六〇代（二三％）、四〇代（一四％）と続くが、老後生活を考えるのは先と思われる三九歳以下（五％）も含まれる。また、職業分布は、有職者は会社員・自営業・公務員らで半数以上を占めるが、無職・主婦（三三％）の存在も特徴のひとつといえるようである。もともとの会の性格からみるとやや意外かもしれないが、結婚歴あり（五六％）が未婚者を上回り、現在も配偶者がいる（二七％）、子どもがいる（三七％）のように必ずしも在籍者は単身者ばかりではない。さらに、職種・役職でみると教師・医師・行政書士・税理士・美容師・鍼灸師ら専門職と事務・販売の一般職、経営者や管理職経験者もわずかながらいる。自営業者もアパート経営から洋和裁、翻訳業など多種多彩に渡る。

これらを総じて考えると、現代社会で女性たちが抱える新たな問題が明らかになってくる。平均寿命が大きく男性を上回り、とりまく社会環境や家族も大きく変貌するなかで、女性なら誰しもが「高齢ひとり暮らし」をより身近で現実味のあるものととらえざるを得なくなったことである。

② ライフスタイルの選択

今、女性の生涯は男性に比べるとずっと多様といえるのではないか。かつてのような一定の人生ではなく、学校を出てからの就職、結婚、出産、子育て、さらに介護という事態に直面するなかで、自分で自分の人生を決め、歩む、自由さを手に入れたといえよう。

女性はこう生きねばならない、という定石はもはやない。ずっと専業主婦の人、子どもを産む人、産まない人、子育てが一段落したら働く人、未婚の人……と、いろんな選択ができる社会になった。

もちろん、かといって、社会状況がそれに対応しているかというとそうではない。雇用機会や就労状況をみると、年齢や既婚・未婚が問題視されたり、育児・介護期間の労働の困難さ、年金の専業主婦世帯優遇への批判など、働くこと、子育てをすること、どれをみても公的保障は万全とはいいがたく、女性のみの自助努力を期待する風潮は色濃く存在する。これでは、高齢ひとり暮らしへの支援に危うさや、不安を感じるのも無理からぬことに思える。ましてや、死後の身の始末こそ、残された家族・親戚など血縁者に委ねられる場合が多い。母親や妻に生活の面倒な部分を世話になり、さっさとお先に天国に行く……男性に比べると、なんと暮らしを設計すること、運営することに心を配り、決めておかなければならないことが多いのであろうか。オンナはつらい……。

共同墓に契約したSSS会員の動機には、子どもに負担をかけたくない、面倒なトラブルを起こしたくない、死後の始末を遠い親戚に頼むのもイヤ、という理由の人もかなりいる。身近な他人（友人）にすべてを委ねるにはどうしたらよいか、という具体的な相談もある。すべての女性にとって、現代は選択できる社会であればこそ「いくらかの備え」とともに、自分の意思をもち「ひとり生活」を視野にした生活設計が求められるのである。

(2)「ひとり生活」への公的支援の実態

マスコミでは近年、高齢者二四〇〇万人、介護保険時代をテーマにした記事が多く掲載される。そのひとつの「老人天国はどこだ？」（『サンデー毎日』二〇〇三年一月一九日号）は、痴呆介護の切り札とされるグループホームを取り上げ、四七都道府県の充実度を比較し、介護環境の地域差をあぶり出したものであった。

二〇〇〇年四月から始まった介護保険制度は、その評価できる点に、受け身だった従来の介護制度から、利用者自身がサービスを選ぶ時代に入った意味合いを国民に意識づけたことがあげられる。「自分のことは自分で」「自分が主人公の暮らし」という考え方がようやく、この国にも馴染んできたというべきだろうか。

「ひとり生活」を不安に押しつぶされず、しなやかに、愉しみながら生きるためには、自らを知り、不安に真正面から向き合うという姿勢が大切となる。

SSSでも首都圏に住む会員らが中心となり、二〇〇二年七月から一〇月にかけ、自分の住む地域の自治体・機関に出向き、以下の要領で担当者にインタビューする訪問調査を実施した。

① 調査目的　健康な高齢者へのサービス内容、その利用実態、利用上の課題を知る
② 調査対象　自治体（区・市）・サービス現場・サービス利用者など三六件
③ 調査内容　在宅サービス内容、当該自治体の高齢者支援の特長（とくにひとり暮らし者への配慮）など

その詳細は、別途に刊行した冊子(1)に報告済みのため、ここでは省略するが、調査に当たった一三名の一致した感想には、二つの大きな特長がみられた。

① こんなサービス知らなかった

第一の特長は、「知ること」の大切さである。多くの自治体で現在進められている高齢者福祉の重点施策は、介護予防、サービスメニューの充実、介護者支援とヘルパー養成に共通している。自分の住む地域ながら、在宅介護センターなどのサービス現場の場所も、またそこでの日常も知らず、また役所は住民票や印鑑証明の手続きにいく場所という程度の知識に終始していたのは勿体なかったというのが素人調査員たちの偽らざる感想である。

そして、行政の福祉施策は家事支援・配食サービス、福祉機器の貸与から、高齢者向け住宅への改築補助、引きこもり対策、暮らしの見守りネットワークのしくみづくり等々、きめ細かく用意されていることも知らなかった。まさに実情を知ることは大きな力となることに間違いない。介護は、昔風の「してあげる」から「サービス」へと現状は確かに変わりつつあった。ひとり暮らし対策に行政が

成年後見制度の利用を検討する動きもあった。転ばぬ先の杖として、いざという時に使える情報をもつことは、やたらに不安を抱えないための秘訣といえるようである。

② 遠くの親戚より、近くの他人

この調査で、調査員たちを痛く感激させたグループが神奈川県横浜市と川崎市にある。そこから得た感想が、第二の特長としての「関心をもつ」ということだ。

どちらも主婦のボランティアサークルで、高齢者・障害者にあくまでも自発的な関わりから支援している。たくさんの活動メニューをそろえており、デイサービス利用や移動補助、元気確認訪問、調理・買い物・掃除などの便利屋的役割から、パソコン指導、自前のリハビリ教室まで実に軽やかにこなすという。「ちょっとスーパーに行くから」「掃除が好きだから」など、○○のついでというのがその秘訣だ。お互いさま、いずれお世話になるかもしれないからなど、その行動のきっかけは、かつて当たり前とされた人への関心、関わりからである。活動拠点は小・中学校の空き教室や公共施設を利用し、市や区にも顔が効くなど、いずれもその活動は歴史と実績に裏づけられ、利用者からも行政からも信頼されている。こうした地域のボランティア、とくに主婦のボランティアが実際の高齢ひとり暮らしを支えている例は、各地に広がると聞く。言い換えれば、地域・近所、他人の暮らしによい意味で関心をもつことによって自然に助けあいのシステムは生まれ、できることはやろう、という意識から暮らしやすい環境が生まれるといえるのである。前述のように、「官」がつくり与えるものから、「民」の力を結集して暮らしやすい環境を当事者として創出する。現代はその「当事者」としての意識をどこで、どのように育てるのかが問われている時代に思える。蛇足ではあるが、昼間に働き、地域に縁が薄い女性や男性には、やや敷居が高く参加しにくいのがこうした活動ともいえよう。

（3）民間機関で行う「ひとり生活」支援

自治体調査結果をつうじ、「最近の役所はなかなかやるじゃない」と率直な感想をもち、ＳＳＳは会員向けに上手に賢く公的支援を使いこなすことを報告書で提案した。

地域差による影響もあり、一概にはいえないがむやみに案ずるなかれ、家族がなくてもこの国は見捨てない。血縁が衰退するなかで、「ひとり」を支えるのは「官」であると同時に「身近な地域」という、長い間、私たちの暮らしを支えてきたものの再確認をした意味は大きい。少子高齢化社会の現実は、もはや家族だけでは一人ひとりの人間の生活を支えきれないが、他の方策も講じられるということであろう。

そして、あえていうなら、「ひとり」を支える第三の基盤は、価値観を同じくする人びとのネットワークであるといいたい。

①　血縁・地縁そして志縁

「志縁」という言葉で、価値を同じくする仲間の大切さを表現したのは、ＳＳＳが共同墓建設の際にお世話になった、戦争独身女性の会のＴ先生である。会員の死後、京都の墓に納骨する際、運ぶ身内・知人がいないということから、会員ボランティアを募り、実費のみで北海道・沖縄まで骨壷をとりにいく制度を志縁便と名づけたことに由来する。そのシステムはいわゆる、当事者同士が互助組織を築き、助けあうというもので、地域以外の職場や学校（クラブ・同窓会・ＰＴＡも含む）など、日本でも古くから所属集団を基礎としてさまざまにみられた。しかし、それらと「志縁」が少し異なるのは、当事者の属性から組織化されるのではなく、主体的な意思をもって参加した組織であるという点にある。そして、その主体的な意思とは「公益への寄与」、つまり個人の利益のみではない、組織のミッション、社会的使命感といえるのではないだろうか。

現在はネットワーク社会であるといわれる。タテ型組織からヨコ型組織に、組織に対する考え方が大きく変わった。ネットワークという言葉は、網の形に広がる複合的構造を意味し、人や組織が自由な発想と情報でつながり、共有する新たな関係を生み出す広がりをもつ。価値を同じくする人と組織がつながり、「ひとり」を支える基盤となることこそが現代に問われる「民」の力というべきであろう。

② ネットワーキング型社会をめざして――NPOの連携

かつて家族が果たしていた「死への看取り」など日常生活支援を、NPO法人として行うRという団体がある。民間の立場で「ひとり生活支援」を行うパイオニア存在で一九九〇年にわが国における最初の生前契約をスタートさせた。現在、全国に約三〇〇〇名の会員を有し、任意後見から、死後の備えの契約が適正に執行されるかを監督する生前契約決済機構を別法人に組織し、事業として全国展開するユニークな団体である。SSS会員にとって、墓に続く問題は「葬儀」「入院や老人ホームへの保証人」さらに「痴呆などで正常の判断ができない時の代理人」など、ひとり生活全般へのサポート体制の整備である。

現在、業務提携を進めている。弁護士らを中心とする専門家集団でもあるRとは、強い見方となるものとして、

SSSとRは、「ひとり生活支援」という同じミッションをもち、サービスを提供する団体同士でネットワークを図ろうとするもので、その組織の持ち味を生かし、手を結ぶゆるやかなつながり方をめざしている。

こうした、NPO同士のネットワークはこれからの市民社会を担うものとして期待される面が大きい。公益法人が肥大化し、個人生活の日常そのものの支援から遠ざかる今、小回りがきき、軽やかに動く、新たな組織づくりはネットワーキング型社会への可能性をもつ。その規模・目的・機能・構成などの多様さゆえに利害対立をおこしたり、運営に混乱をきたす恐れなども考えられるが、「ひとり」を埋没させず、小さな点に過ぎない人間を線につなぎ、面として支えるという発想は〝人権保障〟という考えからも大切にすべきことであるように考える。

第4節■人生は「備えあれば憂いなし」

(1) 暮らしの意識革命――「ひとり」を恐れることなかれ

以上のように、筆者自身が当事者として関わる活動を通して、家族中心から個人単位への暮らしの転換の事例紹介と考察を進めてきた。そこで改めて思うのは、人はなぜ「ひとり」に不安を感じるのだろうかということである。その多くは経済的・心理的な〝不安定さ〟や生活の〝不便さ〟に関わり深いように思う。人は老後だけでなく、災害、盗難、病気、悩み事など、万が一に備え身を守る術や暮らしの快適さを求めたいのである。しかし、「ひとり」はそんな欲求が満たされにくいという思い込みの土壌があるのではないか。果たしてこの国はそんなに暮らしにくく、ひとり暮らしに不自由な国なのか。もちろん、単身高齢者対策の未成熟、単身者への課税の負担感、社会的な信用を得にくい不利益さなど抱える問題はさまざまである。そんななか、今、成すべきことを考えると、具体的な施策を推進し、環境を整備することは当然であろう。同時に、漠然とした不安に向き合い、振り回されず、「ひとり」を明るく、賢く、潔く生き、少子高齢社会を迎え撃つ気概を社会全体にみなぎらせる努力も必要に思う。

実は、本章の事例が示すものは、従来型の暮らしに囚われず、生活者として「ひとり」に視点をおき直した暮らしを考えるという、生き方の姿勢の転換に他ならないのである。

① 視点を変えて眺めてみる

従来の家族・世帯から個人単位に制度・政策の枠組みを転換する必要があるということは、社会環境の変化からいっても明らかである。自治体によりその対応や理解に差があるものの、高齢者のひとり暮らし対策は無視できないものになってきた。また、今後に向けては、ひとりっ子が支える老親の介護など、国が個人生活をいかに支えるかという社会保障の課題は大きい。

しかしながら、まだまだ政策レベルでも家族神話は続く。私たちは目の前の現実に目をつぶらずに、向き合うことにもっと力を注ぐべきであろう。

そして、視点を変えるべきは政治家や役人ばかりではない。私たち一人ひとりもどちらかというと受け身であった生き方から、当事者感覚をもち、主体的に生きる姿勢を自分自身に育てることが必要である。

今回の共同執筆にあたり、誰に一番読んで欲しいかということが話題になった。本章においては、もちろん「ひとり」暮らしに不安をもつ高齢者であり、活きのいい、逞しい女性に学びたい（?）と考える男性諸氏であることはいうまでもない。読者には、「知ることは学ぶこと」とわが身に照らし、拙文を今後の励みにしていただければ、これ以上の喜びはないが、筆者の期待はこれから世に出る一〇代の若者たちの上にある。

② 人生は一度きり、その人自身のもの

私事ながら女子教育に携わり三〇年が過ぎた。男女共同参画社会が問われる今ゆえに、男女の性別を超える「ひとり」の人間の視点を大切にしたいと考える。

現代は、かつてのように、男女ともに適齢期があり、「しかるべき時期」がくれば結婚するのが当たり前、子どもを産んで育てるのも当たり前という、人生の形に一定のパターンがあるという時代ではなくなった。多様な価値観が存在し、生き方、暮らし方もさまざまになり、いわば、自分の意思次第でどうにでも生きられるようになった。これは、個の自由が認められたという点で大いに歓迎すべきであるが、一方で自分を見失い、ただ流され刹那的に生きる若者たちの存在も否定できない。言い換えれば、ひとり立ちを先に延ばしているモラトリアムな若者が目立つことだ。

自分にとって何が大切か、どのように生きたいのかを真剣に考えなければ、ただ途方にくれるばかり。いつまでも大人は庇護できないし、混沌とした時代、いつどんな荒波がやってくるかもしれない。何よりも、一度きりの人生、自分の力で自分らしく生きてこそのものではないだろうか。男女を問わず、若者には、「ひとり」を認め、その価値と普遍性に気づき、それゆえの活力を呼び覚ますパワー

がほしい。それこそが、人生そのものへの自信と覚悟の源となるように思う。
これには「自立」を伝える親や大人自身の生き方も問われる。

③「ひとり」だから「二人」や「みんな」が楽しい

血縁を超えて大勢で一緒にお墓に入る人、赤の他人と共生住宅に住む人を、「家族がなくてかわいそうだ」と思うかどうかは、価値観の問題である。そして、少子高齢社会の現実を前に、日本人が問われているのはまさに、その一人ひとりの価値観であるように思える。一般に、「ひとり」は弱者、惨め、寂しいから、わがまま、勝手などなどネガティブに語られがちな面も多々あるようである。

人間は「ひとり」を意識し、覚悟することで生のイメージが変わる。人間誰しも生まれるときも死ぬときも「ひとり」、男女、職業、家族その属性を超える「ひとり」の人間という粛然たる事実のみが、真に人を大人にさせるように思う。

よく漢字の「人」は支えあいの人間関係を表すものとして引用の機会が多い。しかしながら、一方が依存のもたれあい、馴れ合いの甘えの構造では成り立たないのは明らかであろう。みんな、いつか必ず死を迎える。人が真に支えあえるのは、互いの人生の一回性・独自性に深い共感を覚えるからに他ならないのではないだろうか。

真の協調性は深い共感からしか生まれないといえよう。

④ 人生の備えとは

死を寂しいとかいたずらに怖がるのでなく、また、どうせ死ぬのだったら……と捨て鉢にならず、「ひとりで死ぬ」という事実を受け入れると視野は広がる。

いずれは皆、ひとりで死ぬという事実にむき合い、仕方ないこととして諦め、仕方あること（自分の可能性）に目を向ける。それはまた、命の大切さや人生の大切さに目覚め、何かに努力することに人生の意義を見出し、他人と関わることに喜びや価値を求めることなのではないだろうか。

人生は短くも長くもある。何事もそのひとの受け止め方ひとつといえるようである。わが身への教訓とともに、老いも若きも、人生の備えは「ひとり」を自覚すること、「ひとり」を覚悟することにあるのではないだろうか。

（2）生き方コーディネートのすすめ――「自立」した生き方

以上、確実にくる少子高齢社会を生き延び、誰もが人としての誇りをもち、快適に暮らすには、何よりも「ひとり」の自覚と覚悟にあるとその精神的基盤の大きさを述べた。現代での人生への備えは、文字通り「ひとり」生活への備えを表す。しかしながら、精神論だけでも暮らしは支えられない。

本章に紹介したNPO法人SSSネットワークでは、調査や作業をとおして「ひとり生活の不安」を具体化させ、その対策と会の方向性を探ったことは先に述べた。その結果、気づいたこととして以下のように報告書のまとめに著している。

① 自分自身をみつめよう
・現在とこれからの不安を書き出してみよう
・自分ができること、どうなりたいかの希望を考え書き出そう
・考えたことを整理し、どう行動するかを自分で決めよう

②　高齢者サービスの情報をこまめに集め、地元に馴染もう
・定期的に役所をぶらりと訪問し、情報を集めよう
・保健所や社会福祉協議会などに足を運んでみよう
・地元のデイサービスセンターなどで、見学・ボランティアをしてみよう

③　老いのプランづくりを楽しもう
・病気入院の準備
・遺言、葬儀などのエンディングプランの作成
・いざという時に頼める人を探す

④　まず第一歩、地元で動いてみよう
・近所に気軽に付き合える親しい人を作ろう
・近所づきあいは、まず挨拶から、自分から声をかけてみる
・自分でできることはやってみる
・地元で小さな「お互いさま」ネットワーク（仲間）を作ろう

上記の提案をごく当たり前の備え、心がけといってしまうことは簡単だ。しかしながら、大切なのは、漠然たるものに向き合い、何を恐れ、不安をもつかを認め、受け容れることにより、「すべきこと」の輪郭をくっきりさせようとする態度である。それは普段気にもとめてなかったことを問い直し、その作業の過程で、自己決定・自己責任を自ら学習することでもある。

生き方のコーディネートとは、そうした過程を歩むことであろう。それは決して、厳しく窮屈なも

のではなく、伸びやかでしなやかな生き方を身につけることでもある。
一人ひとりの人生のすき間や狭間を埋め、支えあう社会の実現にはそれぞれの「自立」が大きな課題といえよう。

注

（1）『あなたの老後は安心か——高齢者サービスに関する自治体調査』NPO法人SSSネットワーク、二〇〇三年

参考文献

森岡清美『現代家族変動論』ミネルヴァ書房、一九九八年
松原惇子『シングル・スマイル・シニアライフ』文藝春秋、二〇〇〇年
今田忠『NPO起業・経営・ネットワーキング』中央法規出版、二〇〇〇年
小谷みどり『こんな風に逝きたい』講談社、二〇〇三年

第2章

命を守り、社会とつなぐ子育て
──「医療的ケア」を必要とする子どもの事例から──

母親にとって子どもの成長は、楽しみであり夢でもある。しかし病気や障害のある子どもたちの母親の多くは、子どもが就学期を迎えるにあたり一様にとまどいをみせる。なぜなら、医療・福祉・教育がまるでパッチワークのようなバラバラなあり方を呈しており、それらのすき間をどのように埋めていくかは、母親に依存しているといっても過言ではないからである。母親たちは「女を忘れた」といいながら子どもの命を守り、「この子がいるから幸せ」と困難に立ち向かっている。しかし、母親の犠牲と努力を当たり前としている、医療・福祉・教育のあり方でよいのだろうか。そこで本章では医療的ケアに関する調査をもとに、その現状を分析するとともに、母親の声を紹介しながら、母親がどんな思いで子育てをしているのか、どんな支援を必要としているのかを探りたい。

第1節■救命の場と「生きる」ということ

かつて筆者は、小児専門病院で子どもの看護に従事していた。NICU（新生児集中治療室）には、毎日のように、昼夜関係なく重症の子どもたちが救急車で搬送されてきた。「もう入る保育器がない、コット（新生児用ベッド）もない」、看護スタッフからは、「これ以上働けない」という声があがったこともあった。搬送された「ひとつの命を救う」その場の動き、飛び交う言葉は凄まじく、振り返ってみると毎日が戦場のようだった気がする。医師もまた、数時間の仮眠で、子どもの生命を直視し、昼夜治療にあたっていた。そんな医師の救命に対する熱意に頭が下がる思いであったが、その思いとは別に「生きる」という、もう少し広い角度でみた時、「生命」にのみこだわる医療のあり方に疑問を抱いたこともあった。というのは、医師と看護師は同じ医療職ではあるが、看護師の多くは、患者である「その人」から「生命」だけを抽出した考え方はできないように思う。こうした疑問はなにも医師と看護師の間にだけに起こるものではないような気がしている。たとえば、家族に行うインフォームド・コンセントの場で「障害は残りましたが、命は助かりました」という医師の説明を聴いたことがある。その時、この言葉を家族はどう受け止めるだろうか。果たして、家族は、生命と障害を引き離して考えることができるのだろうかと疑問に思ったものである。

このように医療の現場は、生命とその背景にある事柄が、複雑でさまざまな矛盾を抱えている。倫理や権利といった言葉だけで、簡単に解決できない問題がうごめいているのである。そんな混沌としているなかでも、医療技術だけは確実に発展をみせている。科学的な生命への追及はさらに進み、最近では遺伝子診断・治療に関する研究が積極的に行われている。今後、疾病の予防および診断治療技術はますます発展していくことが予測できる。しかしその一方で、重症心身障害や発達障害の発生率が増加傾向を示しているのも事実である。これまで、難治性の病気や障害のある子どもたちの治療や訓練は、長期入院あるいは施設入所のもとに行われてきた。生活の質（quality of life）や子どもの権利が重要視されるようになった今日、医療費抑制政策とあいまって施設から在宅医療への移行が積極的に進められている。そのうえ在宅医療の内容は、薬剤や医療機器の進歩にともない、腹膜透析や人工呼吸器を使用しての生活に拡大しているのである。

子どもにとって家族とともに地域で暮らすことは、ノーマライゼーションの視点からも望ましいことはいうまでもないが、しかし、その地域生活支援は必ずしも医療の発展に添う動きにはなっていない。したがって、介護のすべては母親が担っているといっても過言ではない。しかも、子どもの成長発達による行動範囲の拡大にともない、母親の介護の範囲も家庭内から社会へと広がり、母親たちは次から次へと新たなハードルに突き当たっている。その度に母親たちは悩みながらも勇気を出して挑んでいるのである。母親が語る日常生活の一部を紹介しながら母親の生活についても考えてみたい。

第2節■母親が語る子どもとの生活

（1）Yさん（長女：先天性中枢性低換気症候群（オンディーヌ症候群））

生まれてすぐ、呼吸状態が悪く、そのまま小児専門病院に運ばれました。一年半ほど入院して退院したのですが、眠ると呼吸が止まってしまうので眠る時は人工呼吸器をつけています。そのために気管切開をしています。気管に入っているチューブを交換するために二週間に一回、病院に通っています。午前中のみでも普通の子どもたちとの接触をさせたかったので、幼稚園は一緒に通園して、なんとか卒園することができました。小学校も普通校に入れたかったので市に交渉しました。この交渉は幼稚園より大変でした。幼稚園の時はひたすら協力をお願いして、私立なのでお互いの合意（こちらが妥協する）に向けて交渉すれば前に進めました。でも、小学校はそうはいきませんでした。子どもを養護学校か、普通校か、特殊学級か振り分ける「就学指導委員会」が大きな壁でした。まだこのような子どもは受け入れたことがないということで返事をもらうまで、市や学校に幾度も通いました。そして、親が一緒についていくことを約束し、やっと入学させてもらえたのです。だから、今は毎日、私も一緒に通学しています。子どもの成長とともに、新しいことが生じてくるので気が休まりません。自分のことなど考えている暇がないです。ただこの子の兄弟は、かまってやれないのでかわいそうです。そのことが一番気になります。

（2）Nさん（長女：低出生体重児・低酸素脳症）

小さいだけでなく、重症心身障害を残すことを告げられた時は大きなショック

喫茶室　先天性中枢生低換気症候群（オンデーヌ症候群）

フランスの作家Jeann Giraudouxの戯曲オンデーヌのなかに登場する水の精（眠り姫）に由来している。呼吸中枢における自動調節呼吸機能不全であり睡眠中の呼吸が抑制される病気。睡眠時に人工呼吸器を装着することにより生存が可能となった。

でした。医師に口からは食事もできない、歩くことも無理だろうといわれたときは、「そんなことはない、意地でも食べて、歩けるようにしてみせる」と思いました。食事は、なんとかチューブ（食事を注入する栄養チューブ）を使わず食べことができるようになりました。医師に「口からものを食べられない」といわれた子どもがちゃんと口から食べられるのですよ！　でも調子が悪いときは注入ですけどね……。何とか手をつないで歩くこともできます。現在、肢体不自由児養護学校に（送迎バス）通学しています。問題は調子が悪い時の注入です。学校では経管栄養はやってくれませんから、私が学校に行くかお休みしなければなりません。看護協会は看護師以外に医療的ケアをやることに反対しているそうですが本当ですか。それでは、私たちは子どもから一歩も離れられないということですよ！　何か行動しようとすると行く手を阻まれ、私はもう疲れました。

（3）親が抱く制度への不信感

このような親の思いを聞くたびに、救命医療で助けた命

喫茶室　看護協会の見解

看護協会とは、保健師・助産師・看護師・准看護師が自主的に会員となり運営する全国組織の職能団体である。保健師助産師看護師法の第 4 章業務　第 37 条「主治の医師または歯科医師の指示があった場合のほか、診療機械を使用し医薬品を授与し、または医薬品について指示をなし、その他医師もしくは歯科医師が行うのでなければ衛生上危害を生ずる虞（おそれ）のある行為をしてはならない」に基づき、器具やその他の道具を使用する行為は専門職以外は行ってはいけないという考え方。しかし、保健師助産師看護師法は昭和 23 年に制定されたものであり、在宅医療が積極的に行われるようになった現在、課題となっている。最近、筋萎縮側索硬化症の患者に限り患者や家族の負担を軽減する方策として一定の条件でヘルパーやボランティアが行うことを認める見解を明らかにした。

がその後の生活においても、その子らしく生き生きと輝いて欲しいと思う。それにしても、病院から地域社会へ、医療から福祉へ、そして教育へと連携が全くといっていいほどできていない現状に愕然としてしまう。必要なケア技術は退院指導を受け、家族がマスターした段階で退院となっているが、日常の生活にはケア技術にとどまらない介助が必要で、その範囲は広い。それに、Nさんたちには高齢者への支援のようにヘルパー派遣や訪問看護の制度はまだ確立していない。すべて医療保険（診療報酬）の範囲の対応なので受けられるサービスは非常に制限されているのである。そのようななかでも、平成一五年度からは、支援費制度が障害児にも適応になり（「平成一四年度調査」参照）、支援が拡大される可能性があることや、一六年度から埼玉県は普通校の学籍も取れるようになることなど、幾分の改善の兆しがみられることから、この変化を母親に話してみると「期待はしていません、どうせいろんな制度を華々しく打ち上げても同じです。何も変わりません」という、母親の冷ややかな反応が返ってきた。これは何を意味するのであろうか、気になるところである。

支援費制度や普通校の学籍取得については、後に詳しくふれたいと思うが、まずは、医療的ケアに関して、子どもを取り巻く家族・教員・医療者それぞれがどのように認識しているかを調査した筆者のデータ（読売光と愛の事業団の助成研究）を用いながら、母親の子育ての困難性の要因を探り、支援のあり方を提言したいと思う。

喫茶室　医療的ケアの法的解釈

医療法　第４章　業務において「医師でなければ医業をなしてはならない」に基づく解釈。子どもの生命維持あるいは日常生活上必要とするケアは、生活支援であって医療行為ではないという考え方と相対する。

第3節■医療的ケアに関する調査（埼玉県の場合）

（1）調査の目的と方法

医療的ケアを必要とする子どもの就学は、本人家族はもちろんのこと教育の場でもその対応が大きな課題となっている。文部科学省は、一九九八年から全国一〇県に委嘱して、医療的ケアの必要な子どもたちへの教育について、養護学校を対象に実践研究を開始している。ただし、この時の医療的ケアは、痰の吸引・経管栄養・自己導尿の三つに限定している。そこで、筆者らの研究グループ（養護学校教員・医師・看護師・作業療法士の七名で構成）は、在宅の重症心身障害児の生活に着目し、子どもを取り巻く家族・教員および医療関係者が、子どもが必要とするケアおよび訓練を、どのように認識しているのかと同時にその考え方や望まれる支援等について調査した。

調査方法は自由記載を含むアンケートであり、埼玉県立肢体不自由児養護学校六校の通学児の家族七九〇名および教員五七八名、H市通常校教員一〇〇名、小児専門病院の医師五五名、看護婦二七一名の合計一七九四名を対象に行った。調査期間は二〇〇〇年一一月〜一二月である。分析はSPSS 10.0Jを使用し統計処理を行った。

喫茶室　重症心身障害児

大島の分類（「重症心身障害マニュアル」2000）を参考に、移動能力を、「寝たきり」「座れる」「歩行障害」「歩く」「走る」の5段階に、コミュニケーション能力を、「ほとんど反応しない」「身体接触に反応」「話しかけに反応」「単語の意味を理解」「日常の会話を理解」の5段階に分類した選択肢の回答から、移動機能が「寝たきり」および「座れる」と、コミュニケーション能力の「ほとんど反応しない」「身体接触に反応」「話しかけに反応」「単語の意味を理解」と回答したものを、重症心身障害児とした。

調査票の全体の回収率は四九・八％であった。各回収率は家族が四八・一％、通常校教員九六・〇％、養護学校教員三三・六％、医師五八・二％、看護師七〇・八％であり、養護学校教員の回収率が低かった。通常校教員の回収率の高いのは市の教育委員会を通して依頼したことが影響しているものと考えられるが、関心の高さもうかがえる。

（2）調査からみえたこと

①　家族・医療者・教員の考え方のズレ

介護行為に関する認識は、重症心身障害児を有する家族と有しない家族の間でも「痰の吸引」と「気管支拡張剤の吸入」の二項目に考え方のズレが認められた。つまり、自分の子どもの障害の程度や、日常的に必要とするケアにより、家族の医療的ケアへの考え方は大きく影響を受けることが考えられた。また、通常校と養護学校教員間においても、その考え方は異なっており、医療的ケアを必要とする子どもの担任経験の有無、対象児童の健康状態および学校の環境によりその考え方は変化するといえよう。養護学校教員および看護師の考え方と、重症心身障害児の家族をみると、教員と家族の考え方にズレが認められなかった与薬・点眼・軟膏塗布・移動・体位の変換等は、看護師と家族間では大きくズレが生じていた。看護

喫茶室　医療的ケアとは

「重症心身障害療育マニュアル」および「医療法の理念」１条の２を参考に、「安定した慢性期の患者に対し、患者の状態に応じて行われる能力障害を補う介護行為」を医療的ケアとする。したがって、文部科学省で規定している吸引・経管栄養・自己導尿と限定はしていない。ただし、アンケート調査においては言葉の説明はあえて行わず、調査対象者の認識の範囲での回答を依頼した。

師はより高い率で医療的ケアと考える傾向があった。これは看護師が日常業務のなかで、「ミスの防止対策」として教育・訓練を受けており、専門職としての意識が作用していることが考えられる。今回は、「子どもの医療的ケア」に関する調査であり、小児専門病院に勤務する看護師を対象としたが、高齢者の施設や訪問看護師を対象とした場合にはその認識は異なることが推測でき、看護師の考え方として一般化することはできない。今後、継続して調査を必要とするところである。

これら調査結果から、医療的ケアの認識は、職業やその人がおかれている環境と、医療的ケアを必要とする子どもとの関わりの有無により大きく影響を受けることが明らかになった。

② 学校で行う医療的ケアに対する教員の考え方

医療的ケアを教員が行ってもよいかという質問に、通常校の教員の七七・一%が「行うべきでない」と回答している。一方、養護学校の教員の五三・六%は「行ってもよい」としている。現在、埼玉県の養護学校の多くは、子ど

喫茶室　調査項目について

実際に行われている介護行為31項目をランダムに列挙し、介護行為に対しての認識を、医療的ケア、日常生活介助、どちらともいえない、言葉の意味がわからない、の選択肢からひとつを選び回答することを依頼した。31項目の内容は、衣服の調節・体温測定・脈拍測定・血圧測定・水分補給・経管栄養・食事介助・導尿・浣腸・排便・摘便介助・人工肛門の排泄介助・酸素吸入・痰等の吸引・気管支拡張剤の吸入・与薬・点眼・軟膏塗布・傷の消毒・CAPD（腹膜透析）・尿検査・障害・発達検査と指導・心理療法・カウンセリング・解熱剤の坐薬挿入・けいれん時の坐薬挿入・人工呼吸器使用の子どもの世話・気管切開している子どもの世話・パルスオキシメーターの使用・胸部理学療法・インシュリンや血液凝固製剤の注射・関節可動域訓練・移動、体位変換である。

もが医療的ケアを必要とする場合、原則的に家族が来校し実施することになっている（二〇〇〇年調査時）。しかし実際は、家族が毎日来校することはむずかしく、家庭で行っている医療的ケアでも、学校ではやむを得ず実施していないケースが多い。したがって「行ってもよい」の回答には、子どもが身近にいることから必要に迫られ「なんとかしたい」という熱意からの回答も含まれていることが考えられる。

しかしながら養護学校の教員の回収率は三三・六％と低く、医療的ケアに対する教員間の考え方に格差があり、回収率に影響していることも考えられる。一方、通常校教員の回収率が九六％と高く、「医療的行為は行うべきではない」としながらも、医療的ケアに関する研修を八五・五％の教員が望んでいることから、医療的ケアに対する関心が高いといえる。

なお、医師および看護師の六〇％以上が医療的ケアを学校の教員が行うことを「よい」と考えており、九〇％が学校教員に研修が必要としている。つまり、医師および看護師は、医療的ケアを「医療者以外はやってはならない」とは考えておらず、何らかの研修・トレーニングが必要だとしていることがうかがえる。

③　支援のあり方への提言

文部科学省の「二一世紀の特殊教育の在り方に関する調査研究協力者会議」は二〇〇一年一月の最終報告で、特殊な教育的支援を必要とする児童生徒の就学を求め、法的整備や人的条件整備にまで言及している。二〇〇〇年五月にはＷＨＯ世界保健会議において、新しい国際障害分類が採択され、障害の概念が、これまでの疾患をベースにした医療モデルから生活モデルへと大きく変わった。障害を社会的不利（handicap）としてとらえるのではなく、個人の健康状態に視点をおきながら、その人らしい活動（activity）・参加（participation）を考えたものとなった。この概念に照らして医療的ケアを必要とする子どもについて考えると、これからは、健常児と同じように教育を受け、社会に参加・活動していくことを、医療・教育・福祉がどのように連携し支えていくかが重要課題になろう。

介護行為に関する認識調査の結果、注射等の明らかに医療にともなう行為と、食事介助や水分補給といった日常生活上の介護行為の考え方には、家族や教員および医療職の間に大きなズレはみられなかったものの、体温・脈拍・血圧測定・薬剤や用具を使用する行為には、その考え方にズレが生じている。「体温測定」ひとつをとっても、子どもの状態により健康に影響する度合いは異なり、そのケアの意味も異なる。

実施する人によって考え方が異なっていることも明らかであり、「医療的ケア」と一括りにして進めることのむずかしさがあるといえる。たとえば、学校で行われる医療的ケアを考えてみると、その子どもにとって学校生活上も必要なのか、誰が行うかを判断する判断部門（人）と、ケアの実施者という二つの方向からの整理が必要といえる。判断については医師が必要であり、ケアについては専門職の導入が必要なものと、教員が研修・トレーニングで行えるものとを分けて考える必要がある。医療的ケアを必要とする子どもたちが、学ぶ場所や行動に制約を受けることの多い現在、臨床指導医の配置や看護婦の導入等、好ましい先行例を積極的に拡大していくことが望まれる。学校は子どもにとって地域で生活する延長上にあり、医療的ケアは、成長により行動拡大していく小児在宅医療の課題ともいえる。

図 2―1　医療的ケア支援システムの考え方

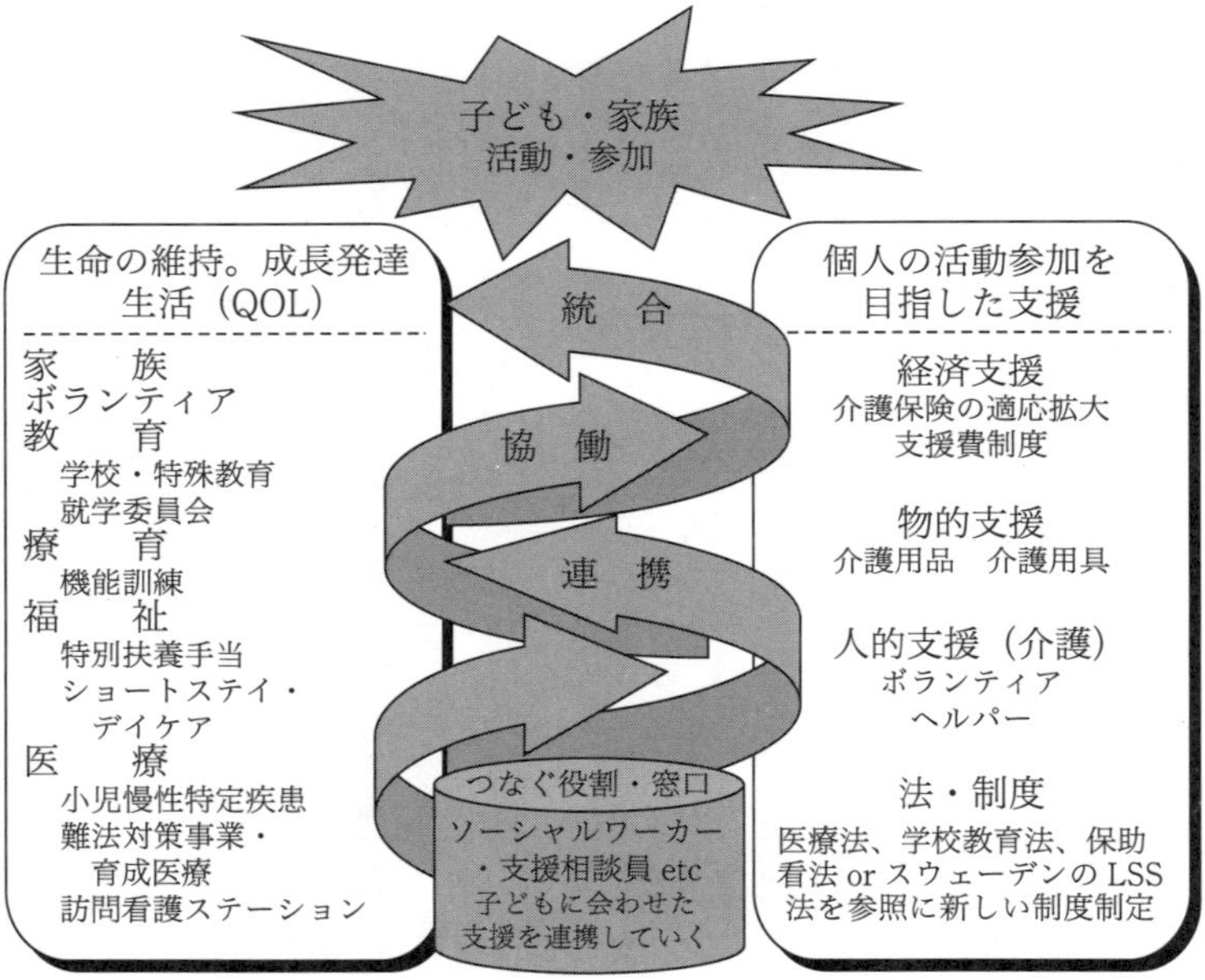

注）　LSS 法：機能が満足でない人のための扶助とサービス
出所）　筆者作成

しかしながら、医療的ケアを巡る家族にとっての問題は、子どもの行動拡大（就学・社会参加）にともなう介護であるとともに、介護に専門家を入れた場合の経済問題でもある。

先に述べた新しいWHOの障害の分類の、「生活モデル」から子どもと家族の活動に視点をあて、地域で生活することを支えることを総合的に判断し調整していく、居住地域の在宅支援センターのケースワーカーや在宅支援相談員が必要に応じて関係者に連携していく考え方を図2-1に示す。このシステムにより、子どもや家族が生活上のすべての問題を相談できる身近な窓口ができることと、求める支援に対して医療・教育および福祉が連携して統合した支援を目指すことができると考えている。また、有機的な連携を具体化させるためには、学校・病院双方にも窓口となる部門を明確にしておき、それを「つなぐ役割」をもつ図表2-1の螺旋状の矢印が、システム運用の鍵となる。

第4節■最近の医療的ケアへの支援と課題

(1) 各県が取り組む支援事業

筆者らの実態調査後、埼玉県では、二〇〇二年度から今回調査対象とした肢体不自由児養護学校に看護師配置と医師の巡回体制を整える「メディカルサポート事業」をスタートさせることが決定し、一年が経過した。果たして、医療的ケアを必要とする児童生徒は、安心して養護学校に通学できるようになったのか、家族の負担を軽減させることができたのかを探ってみたい。

全国肢体不自由児養護学校長会が、肢体不自由児養護学校一九八校（分校一六校含む）在学者数一

万八二八九名を対象に平成一三年度に行った実態調査によると、日常的に医療的ケアを必要とする在学者は三〇九四名であった。このうち、肢体不自由児養護学校において医療的ケアを（このときの医療的ケアは、痰の吸引・経管栄養・導尿としている）を必要としている児童生徒数は二二四六名と報告している。医療的ケアへの取り組みは地方自治体により異なる。宮城県は一九九七年から、要医療行為通学児童生徒学習支援事業として訪問看護制度を導入し、宮城方式として積極的に取り組んでいる。訪問看護の責任は、保護者の責任で進められ費用は県が支払うとしている。このように積極的に取り組んでいる県と、事故が起きたときの責任はどこがとるのか、誰の責任かの議論に止まり遅々として進まない県もあるのが実体といえよう。

① 埼玉県が取り組む「メディカルサポート支援事業」

メディカルサポート支援は、大きく二つの事業に分けられる。まずひとつは、県立肢体不自由児養護学校への、看護師資格を有する非常勤嘱託看護職員の配置であり、二つ目は、県立肢体不自由児養護学校に巡回指導医を派遣する事業である。看護師配置の目的は、医療的ケアを実施するとともに教員が児童生徒の医療的配慮事項に関する理解を深め、健康で安全に学習できる環境を整備し指導の充実を図ることとしている。また巡回指導医の役割は、以下の五つ、①学校における医療的ケアに関して定期的巡回指導を行う、②児童生徒の主治医と連携をはかり、看護職員に対して当該児童生徒の医療的ケアについて理論および実技に関する指導を行う、③看護職員および教員の相談を受け、これらに対して指導助言を行う、④医療的ケア検討委員会に対し、助言を与える、⑤研修および研究等へ指導および助言を行うこととしている。

② 子どもの成長と母親の思い

平成一四年度一年間の「メディカルサポート支援」に関する感想を教員は、学校にとっては、授業中の母親の付き添いがなくなり、親子分離が可能となった。それにより、児童は友だちと一緒に過ごすことが多くなり表情もよく、積極性がでてきたような気がする。また、親の都合での欠席はなくなり登校回数が増えた。経管栄養・吸引・導尿は、その児童の状態に合わせて看護師が行うので安心感があるうえ、それをみている教師自身も勉強になる。児童は、生活リズムが整い体調よく過ごせる日が多くなったようだと述べている。

母親は、授業中の付き添いがなくなったので自分の時間をもてるようになった。また、専門性のある看護師がいるので安心であると述べ、まずは子どもの健康状態が安定してきたことを喜んでいる。また、母親が付き添わなくなったことにより、直接医療的ケアだけではなく、教員と子どもとの人間関係にも良い影響を及ぼしたと評価している。しかし、なかには看護師に対しては、専門職としてもっと子どもの状態をよくみて、子どもにあった吸引をして欲しいという意見もあった。

③ 支援の継続性と行政

看護師は非常勤嘱託なので、九時～一四時三〇分の勤務時間であり、担任との情報交換や医療的ケア検討委員会への出席ができない。その上、医療的ケアを必要とする児童は増加傾向にあり、今後、非常勤一人体制では無理が生じると思われる。そのため、看護師は常勤で、できれば二人体制が望ましいことが教員から上げられていた。県行政の教育関係者は、「この事業は一年限りの緊急雇用対策事業の一環であり、それを利用したものである。今後継続するとは限らない」と冷ややかに言い放った。また、ある教員には、看護師という専門職の導入は、必ずしも教員との人間関係が好ましく展開するとは限らず、相互の人間性がこの事業の鍵を握るとも語っている。

(2) 障害のある子どもと支援費制度

この制度の枠組みは利用者とサービス提供者（事業者・施設）、市町村、都道府県が協力して、障害のある人の自立社会参加を促進するためのものである。ノーマライゼーションへの支援を目指すものだが、これまでのように行政がサービスの利用者を特定し、サービス内容を決定するものではなく、利用者が自らサービス提供者を選び、契約によって福祉サービスを利用できるものである。障害児に関する事業をピックアップすると、居宅支援として、①児童居宅介護事業（ホームヘルプサービス、居宅において介護、家事等生活全般にわたる援助を行う）、②児童デイサービス事業（通所により日常生活動作や集団生活への適応等に関する指導訓練を行う）、③児童短期入所事業（保護者の疾病その他の理由により、児童福祉施設等に短期間入所し必要な支援を行う）と、三項目があげられている。これまで高齢者の居宅介護支援に比して、子どもの居宅介護支援はほとんど皆無状態であったため、この三項目をみると一見めざましい改善のように思われる。しかし、小児を対象とした事業所はまだ少なく、選択できるまでに至っていない。支援費とは、サービスを利用した場合、その費用の一部を市町村が支払うことをいい、受給には市町村窓口での申請を必要とする。あくまでも利用したサービスに対し、利用者負担額を支払うことになっているので、受けるサービスがなければ制度はできても実際の支援は受けられない現状であり、今後の課題は大きい。

なお、母親にとっては、障害や病気をもつわが子を安心して託すことができるのか、子どもの成長発達、あるいは病気や障害を理解して、わが子にあった対応をしてくれるのか悩めるところであるようだ。サービス事業所は、子どもの介護のむずかしさを知るところからか、積極的に取り組む姿勢が足りない印象を受ける。したがって、制度はできても実効性ある推進はむずかしい。冒頭に、Nさんが「何も変わりませんよ」と述べた所以がここにあるような気がする。

（3）障害児の分離教育から共育へ

埼玉県は二〇〇三年一月から、障害のあるすべての児童・生徒が普通学級に在籍できる検討を始めた。これまで障害児は、普通学級に在籍を希望しても「養護学校へ」と説得されてきた。その子のためといいつつ、結局、一般から分離する障害児の分離教育を進めてきたのである。今回の県の構想は、国連教育・科学・文化機関（ユネスコ）が推進する「インクルージョン」を具現化するもので、盲・ろう・養護学校などへの入学が望ましいとされた障害児を地域の普通学級への在籍を認めるとしている。その子どもの状態や学校の体制により学ぶ場所を選べることになるが、法令にない二重学籍を有することになるため、文部科学省は、「学校教育法上、在籍者のいない、養護学校の存在は認められない」としている。障害児に普通学級籍を与えても、果たして一般社会が当たり前に受け入れていけるのか、時間がかかりそうな気がするのも正直な気持ちである。しかし、今日のように児童生徒による残虐な犯罪を考えると、ノーマライゼーションのなかに相互に「いたわりの気持ち」が生まれ、自然に思いやりや優しさを学ぶ機会になるのではないかという期待もある。そして、健常児への影響はもとより、障害児にとっては、自立生活への大事なステップとなろう。

こうした県の取り組みを現職の教員に聴くと、「在籍数はいるのに実際学ぶ児童生徒がいないなんてことが生じるのよ。学籍数で教員数が決まるから、互いに教員数のぶんどり合戦が始まる」と、これまた、いやに現実的な答えが返ってきた。つまり、普通校と養護学校両方に学籍をおき、実際は養護学校に通学することを想定しており、その場合の教員配置を懸念している発言である。これもまたNさんのいう「制度は立ち上げても何も変わらない」といったことに結びつくのであろうか。

(4) 子どもの医療と子どもを育てる母の愛

「再診の予約をとりて帰りゆく親子の不安消えゆくは何時」
「遅滞児とさ迷ひ生くる若き母疲れ知らぬがに受診続くる」

この歌は、かつて小児専門病院で一緒に勤務していた医師がよんだものである。母と子の情景が目に浮かび胸が痛くなる。母親たちは時に、「もう疲れました」と語りながら、翌日にはまた行動し、たくましく活き活きしている。きっとあらゆる苦しみや困難を乗り切ってきたからであろう。母親たちは「この子がいるから幸せ」「この子がいるから生きられる」と語るのである。しかし、介護する母親へのサポートシステムを早急に整備する必要がある。母親もひとりの人間であり、母親の犠牲の上に成り立つ福祉であってはならない。一日でも一時間でも母親が安心して自由にできる社会であらねばと思う。医療は日々進歩している。わが国の乳児死亡率の低さは、世界に誇れるまでになった。

したがって、かつて救命できなかった疾患でも、助けることが可能となったのである。しかし、この医療の背景に、なりふりかまわず子どもの命を守り育てている母がいることを忘れてはならない。Nさんは「新しい制度はできても何も変わらない」といった。しかし、私には「こうした母親たちが医療を支えている」とさえ思えてくる。だからこそ、子を思う母の愛情にすがった医療の発展に偏りを感じる。助けた命に責任をもちその後の暮らしを支えていく、医療・福祉・教育の連携したあり方が望まれる。とりわけ早急に図表2-1に示した「ライン」をつなぐ役割のシステム化が必要といえるであろう。一日でもこの母親たちに「おかあさん」ではない、ひとりの人間としての自由に過ごせる日がくることを願ってこの章を終わりにしたい。

参考文献

草安彦監修『重症心身障害療育マニュアル』医歯薬出版、二〇〇〇年
『下川和宏医療的ケア必要時の教育の在り方についての一研究』東京学芸大学大学院修士論文、二〇〇一年
根岸敬矩『楽鐘器（カリヨン）の哥』筑波書林、一九九九年
服部満生子他「重症心身障害児の医療的ケアについての研究」『第三十回重症心身障害児の養育に関する研究報告書』読売光と愛の事業団、二〇〇二年
服部満生子「子どもの在宅医療と生活支援」『福祉社会を創る』学文社、二〇〇二年

第 3 章

「生きる力」輝け

――若者たちへのエール――

「先生、俺って何のために生きているのかなぁ」「こんなに勉強したのは生まれてはじめて。私でもやればできるって実感した」「ボランティアの最終日、車いすでお部屋まで送って行ったとき『帰らないで』って手を握ってくれた。思わず泣いてしまって」…。

とかくその言動が大人からの非難の的になる若者たち。しかし、彼らにも適切な学習の場とチャンスさえあれば、本来の力を発揮して生き生きと輝きはじめるのである。

小・中・高校現場での三〇年以上の教員生活で筆者が出会った若者たち。いじめや低学力、無気力で根気がないといわれる彼らではあるが、実際には豊かな個性と限りない可能性に満ちている。それを、高校生の生の声と姿を通して見つめなおしたい。

第1節■今どきの若者

（1）大人たちと若者

「今どきの若いモンは…」と大人たちが若者の言動に眉をひそめるのは、なにも今に始まった話ではない。しかしまた今日ほど、両者の溝が深まってしまった時代もなかったのではないだろうか。若者は大人を、「頭がかたい！」「時代おくれだ！」と批判し、大人の側は「挨拶もロクにできない！」「時間の観念がない！」「だらしない！」「何を考えているのかわからない！」……と若者の欠点をあげて、自分たちの若い頃と引き比べては、「昔はこうだった。オレたちはこうしたもんだ……」と世代間のギャップを嘆いている。さらに、近年急増している少年犯罪が大人の若者不信に拍車をかけている。

しかし、果たして若者は昔に比べてそれほど変わってしまったのだろうか。大人との亀裂を埋めることはもはや不可能なのだろうか。そして、彼らが主人公となるこの21世紀を、共に生きて実りある未来とするために大人たちは何を伝え、何をなすべきなのだろうか……。

（2）新しい出会いと別れのなかで

筆者はこれまで、小・中・高校で養護教諭や福祉科教諭として健康教育や福祉教育に携わりながら、大学での講義や学生の教育実習指導、大学院生のインターンシップや新任教員の指導等を受け持ってきた。それら職業上の経験と自身の三人の子育てを通して、幅広い年代のさまざまな若者たちに出あってきた。

春、桜の舞い散る校庭を、親に手を引かれて入学してくる子どもたちの期待と喜びにはちきれそうな笑顔。少年期の若竹のように伸びる姿や、運動場を力いっぱいに走る生命の息吹。ランドセルから伸びた小さな手で「先生、ボクが大きくなったら結婚しよう」と抱きついてきた子や、おずおずと私の側に寄ってきてひとりでは抱えきれない哀しみをそっと打ち明けてくれた子。先天的に重い障害のある子が一瞬一瞬をたたかい抜き、生命の灯が細り消えてゆくのを見守ることしかできなかった日…。

数え切れない喜びと悲しみ、新しい出会いと別れの中で歩んできた教員生活もいつしか三〇年を超えた。それは教員としての生きがいや喜びを味わうとともに、無力感や挫折感に悩んだ歳月でもあった。

友だちより早く母親になった少女は、産むことを誰よりも反対した私に、産褥の床から小さな声で「名前を何にしようか」と笑いかけた。不良少年のレッテルを貼られてワルと恐れられた少年は、真情を綴った二〇枚の手紙を残してバイクによる事故死を遂げた。近親者の死に出遭った子の傍にいてともに泣くことしかできなかった日や、家庭の事情で退学していく生徒の前に自らの非力を痛感した夜もある。校内暴力の嵐の中で校舎を駈けずり回り、教員と生徒の怒号の中をもみくちゃになりながら止めに入った時に震えた膝頭とカラカラの喉。修学旅行先で他県の学生との暴力事件を起こした生徒たちと、夜を徹して話し合った晩秋の北海道……。

そして、土日はもとより大晦日や元旦までも生徒指導や進路相談に追われる日々に、家族一同から顰蹙を買ったことも一度ならずあった。実践の手立てを求めてさまざまな研究会や研修会を梯子することで、たいていの夏休みは埋まっていった。そこにわが子をひとりずつ順番のように連れ歩き、それが彼らの家族旅行だったりもした。

教師としても母としても不十分で日々後悔と反省の連続であり、道半ばの修行の日々でもある。しかし、それ故に若者たちへの思いは強く、彼らにエールを贈りたいとの願いも込めて本稿を認めているのである。

それぞれの若者がそれぞれに、もっている良さと個性を大切にしてゆったり大きく生きていくことがむずかしい今の時代に、大人は若者とどう向き合い何をなすべきなのか。何をどう伝え、何を残していけばよいのだろうか。

本稿が子育てや若者への接し方に悩んでいる大人にとってもその解決の糸口となれば幸いである。

(3) 福祉マインドを求めて

学校教育の中に「総合的な学習の時間」が位置づけられて、小中学生が老人ホームでお年寄りと交流する機会や、若者のボランティア活動が評価されるなど、福祉教育やボランティア活動に対する社会的認知は深まりつつある。二〇〇三年四月、高等学校に五〇年ぶりの新しい教科が誕生した。専門教科「福祉」と普通教科「情報」である。

少子高齢社会の進展とともに、社会福祉分野における人材育成、なかでも介護サービス従事者の養成が緊急に求められている。その中核となるのは国家資格としての「介護福祉士」や、訪問介護員(ホームヘルパー)などである。高校福祉科では、これらの福祉専門職の養成と、二一世紀に生きる国民的教養としての福祉教育をあわせて行うことが期待されている。

このような動向に対して、「高校生に専門職教育は無理である」「使い捨ての安い介護労働力を量産することになる」「利用者の権利保障の面からも問題である」などの批判が寄せられている。そして、准看護婦制度廃止による高校看護科廃止のなかで、「今なぜ、あえて高校に福祉科を作るのか？」との疑問の声も聞かれる。しかし一方では、長期化する不況のなかで高校生の就職難は未曾有の事態を迎え、高卒で取得できる資格として介護分野は注目を集めてもいる。さらに、「人の役に立ちたい！」「祖父母の介護をしたい！」などの福祉マインドを抱いて入学してくる生徒も多い。

福祉教育という新しい波に洗われる高校にあって、これら賛否渦巻く創生期の混沌とした状況をどう分析し切りひらいていくのか。高校生に福祉の専門職教育を行うことは果たして可能なのだろうか。また、社会や福祉分野にとって、若い人材の養成をどのように考えていけばよいのだろうか。若者が、高齢者や障害者などの福祉サービス利用者の人権を守りながら、生活を支援していくことは現実的に意味のあることなのだろうか。そもそも、福祉教育という営みを通して若者の人格形成をはかることが期待できるのか等々、課題はつきない。

本稿では、これまで現場で福祉教育に関わってきた者として、ありのままの現状を提示することによってその抱える課題や今後の方向性を考えたい。また、文部科学省の提唱する「生きる力」を、単なる理想として掲げるのではなく、現実社会にあったそれぞれの生き方や個性が輝く教育のあり方について考えてみたい。

第2節■百聞は一見にしかず

（1） 覚醒のための流れ・内容

教科「福祉」は、「社会福祉基礎」「社会福祉制度」「社会福祉援助技術」「基礎介護」「社会福祉実習」「社会福祉演習」「福祉情報処理」の七科目から構成されている。筆者はこれら七科目を担当してきたが、本稿では、二年生「社会福祉制度」の実践を取り上げ、その概要を以下に記す。筆者はこれまでも生徒の学習活動を活性化させることを実践の柱としてきたが、本実践でも「総合的な学習」の先行実践としての意味あいも含めて、地域での体験・調査・研究活動を取り入れたものとした。

① オリエンテーション・授業（一学期）

年度当初に授業を始めるに当たって、生徒に対して「社会福祉制度」の科目目標と年間学習計画を示した。さらに、授業形態や評価方法と評価基準について説明して了解を求めた。あわせて、体験活動を取り入れた授業とする旨の説明を行ったところ、「総合学習を中学校でもやったよ」「面白そうだね」などの声が聞かれた。

② 定期テスト・評価

評価基準の概要は、定期テストと授業の中の学習への意欲、発表内容、レポート、出席状況などの総合評価とした。中でも定期テスト（年間五回）に関しては八〇点以上を合格基準とし、一時間の授業が終了するごとに（状況によっては授業中に）テスト内容の提示を行い、生徒の自己学習への動機づけを行った。

表 3—1　社会福祉のテーマ・調査先

班	テーマ	人数	調査・活動場所
1班	・ホームレスに関する今後の課題	4人	① 川崎駅周辺 ② ホームレス自立支援施設
2班	・児童虐待に関する街頭アンケート調査	5人	① 川崎駅周辺 ② 商店街
3班	・ドメスティック・バイオレンス ～その現状と課題～	5人	① 神奈川県立婦人相談所 ② 横浜市内民間ボランティア施設
4班	・フリースクール見学	3人	① 川崎市南部児童相談所
5班	・虐待を受けた子ども達の現状 ・児童養護施設を訪問して実際を知る	4人	① 川崎市内児童養護施設
6班	・幼稚園と保育園の違い	3人	① 川崎市内私立幼稚園 ② 川崎市立保育園
7班	・児童福祉の現状と課題	3人	① 川崎市南部児童相談所
8班	・インスタント・シニア～障害者体験	3人	① 川崎高校～川崎駅 ② 京浜急行川崎駅～八丁畷駅
9班	・知的障害者と施設	5人	① 川崎市内知的障害者更生施設
10班	・児童虐待について	3人	① 東京都内内児童養護施設

注）1　生徒の関心領域が児童福祉に集中したため多少の調整は行ったが、テーマや見学先、調査方法などに違いがあったために異なる報告内容となった。
　　2　神奈川県立婦人相談所は、平成15年4月1日より神奈川県立女性相談所と改称。

③　夏期休業

一学期最後の授業時に、社会福祉制度における自己の課題やテーマを夏期休業にみつけておくように呼びかけた。生徒は施設実習やボランティア活動等を通じてこの期間にテーマや行き先を検討した。

④　テーマ設定・班編成（二学期）

九月最初の授業において、テーマ別に班編成を行った。結果は表3-1のとおりである。

⑤　準備・交渉・係分担

授業の前後、または授

業中に見学先への連絡や交渉を行った。しかし全体的に事前の調整には大変な困難が生じた。全体的に見学を希望した受け入れ先に断られるという事態が多く発生した。むしろ一度で承諾されるケースの方が希であった。

例をあげると、一班は最初、市役所でホームレス支援策の実際を聞き取り調査する計画を立てた。しかし市役所窓口に問い合わせると、「市議会への対応で忙しい。区役所で訊いて欲しい」と取材を断られ、直に区役所に行くと、「ここではそのような部署はない」といわれた。また三班はドメスティック・バイオレンスの被害者に用意されたシェルターの見学を希望したが、所在地の情報を得ることすらできず、紆余曲折の後、県立婦人相談所での受け入れ承諾を得ることができたのである。

⑥ 当日（校外学習・調査・体験・観察等）

校外学習当日（一〇月四日）は、各班と個人それぞれのテーマに沿って東京～神奈川県のさまざまな地域に出かけて調査・体験・観察などを行った。班によっては受け入れ先への事前訪問や、事後に追加での再訪問を行ったところもある。生徒は緊張しながらも熱心に活動し、資料（パンフレット等）や記録物（写真・メモ・デジタルカメラ）を持ち帰った。

（2）具体的な生徒の姿から

それではいくつかの班の取り組みを紹介しながら、生徒たちの生の言葉や体験学習を通して成長していく様子を述べていきたい。

① ホームレスの問題に取り組む

一班のメンバーは全員が男子である。福祉科の特徴としてクラスの大半は女子であるため、ある意味ではやや肩身の狭い思いをしている男子たち、今回は五人中四人がまとまってのグループとなった。テーマ設定は、「まだ決まっていなくて僕が勝手に自分のやりたかったことを口走った」T君の一言で「ホームレス」に決定した。最初は「行政がホームレス支援体制をどう取っているか」を調査しようということになり、市役所に電話したが「議会対応が忙しいので図書館などで調べて欲しい」と断られ、区役所に掛けると「ホームレスへの対応をする窓口はない」といわれ、最初の暗礁に乗り上げたのは前述の通りである。「何か他のテーマに変えたい」と相談に来たので、ホームレス支援のボランティア団体「水曜パトロール」を紹介した。

〈水曜パトロール〉

水曜パトロールは、野宿生活者の支援団体である。一九九四年に、川崎駅構内で警察官が立ち退きを断った野宿生活者に熱湯をかけて大火傷を負わせた事件がきっかけで、市民が野宿生活者を守ろうと始めた活動である。生徒たちはパトロールに参加するなかで多くの体験や発見をしていく。以下、生徒の報告書からの抜粋を提示しながら、彼らの経験や学びを辿っていくことにする（原文の通り）。

「九月二五日水曜日に水曜パトロールというホームレスを守るボランティア団体に参加した。まず初めに水曜パトロールでは申し送りをした。近日中に起こったホームレスの方々が関係している出来事やこれからの予定、水曜パトロールで作ったホームレスの方々に渡すお便りの読み返し、確認等をした。今回、僕達は初めて水曜パトロールに参加したので自己紹介をした。次に主な活動場所や活動時間、活動内容を教えてもらった。ＪＲ川崎駅の西口方面、富士見公園周辺や多摩川の河川敷だ。派遣された人が一番多いのが川崎駅であった。僕達一班は川崎駅周辺をまわる人たちと一緒に行った。活動時間は午後九時から翌日の二時までだ。活動内容は、ホームレスの方々にジュースを配り、お便りを渡してこの頃変わったことがないか、健康診断のお知らせなどを話してコミュニケーションをとった。初めに、京浜急行の高架下の駐輪場をまわった。」

「水パトに参加している人達は、ほとんど社会人の人で仕事をしているのにもかかわらず参加していて、遅くまでボランティア活動をしている。参加者の中には、昔ホームレスになったことのある人もいた。参加している人たちは、夜遅くにもかかわらずとても明るく元気で、生き生きとした表情で心からこの水パトを楽しんでいるようだった」と、参加している人びとの姿からボランティアを自分の人生のなかに位置づけて楽しんでいる様子であると書いている。普段、家庭と学校という限られた空間の中で接している親や教師以外の社会人と直接言葉を交わし、共にボランティア活動を経験することで多様な生き方や価値観に気づいていく様子が感じられる。

「川崎駅周辺は駅の周りとはいえ一歩駅の裏側の方や路地に入ると驚くほど静かで人気もなく、ここが本当に川崎かと思うほどの変わりようだった。そして寒かった。夜で電灯もなくビルのすき間風も厳しく、初めに参加者の人が『冬は凍死する人も……』といっていたが、実感がわいた」と、普段何気なく行き来している川崎駅が駅裏ではその様相を一変させること、凍死者が出るほどの街頭の寒さを身をもって感じたことがわかる。

〔コミュニケーションに戸惑いながら〕

また、コミュニケーションの取り方にも戸惑った様子が記されている。「お便りとジュースを配って回った。積極的に声を掛けてみて、といわれてもどんな反応が返って来るのかがわからず、『こんばんは』とか『ジュースいかがですか』とか形式的なそれも一方的な話しかできず戸惑ってしまった」。その困惑した場面で、「しかし参加者の人は、ジュースを配り、そして丁寧な口調で『体の調子は悪くないですか？　九月の二七日に結核検診があるので、調子が悪かったりしたら来てくださいね』とさすがに慣れた感じだった。僕も参加者の後ろについて行き、会話ができるように積極的に配って回った。」と、見よう見まねながらも徐々にホームレスの人びとのなかに入っていく様子がうかがわれる。そうしている内にOさんという人と会話ができた。「その人は五〇代くらいの男性で、僕が結核検診のことを伝えると、『そうか、どこでやるんだい？』『何時から始まるんだ』『君は来るのかい？』などいろんな質問をしてきてくれた。僕はその質問に自分で答えられる範囲で答えた。会話が終わった後、僕自身が壁をつくっていて変に遠慮していたんだなと感じ、思いを改める必要があると思った」と、言葉のやりとりのなかから自らの内にあった壁に気づき、新たな関係を築いていく過程が記されている。

さらに住宅街に出かけていく。「川崎駅の裏側の住宅街にも回った。マンションの地下の駐車場などは雨風もしのげるのでよくホームレスの方が寝泊まりしているそうだ。……心無い住人が、車の後ろで寝ている人がいるのを知っているのに、わざとアクセルを吹かすそうだ。他の車を見てみると駐車スペースの後ろの壁ギリギリに止めて寝かせないようにしていることも見て取れた。」「マンションの駐車場にやけに壁ギリギリに車が駐車されていた。これは駐車場で寝られないようにするためで、なかにはわざと寝ている人に排気ガスを掛ける人もいるそうだ。寝られるのは確かに迷惑かもしれないけれど、排気ガスをかけたりする嫌がらせは良くないと思った」などと、それぞれに住民とホームレスの人びととのせめぎ合いに思いを馳せ、実生活での共生のむずかしさに気づいていく様子がうかがえた。

教室で「さまざまな人びとと共生していく社会を創りましょう」と教師が唱え、生徒も「そうか、これからは共生社会の時代なんだ」と抽象的に学ぶだけでなく、このように実際の社会の現実に直面するなかで矛盾や不条理に気づいていくことで、「学び」の意味もより深化していくものと思われる。

「西口に向かって歩いていると、ある参加者がフェンスを乗り越え、人目もつかない場所も隅々まで巡回していた。こういう人目につかない場所で生活をしていると、突然の病気やケガなどで動けなくなってしまい、長期間発見されないケースもあったそうだ。駅の西口につき、そこで生活している人たちにも話をすることができた。その中の一人の方の住居の前には水槽が沢山あり、その中には金魚や亀などが飼われていた。正直いままで、ここまで立派な住居は初めて見た。五〇代くらいの男性が一人で住んでいた。その男性は自分の学生時代について話してくれた。工業高校で勉強していたことや、働いていた頃の話もしてくれた。勉強の話になると、熱心に物理の話をしてくれた。地面に水で書いて詳しく教えてくれた。かなり難しい内容で、半分わかったような、わからないような、そんな感じだった。その男性はしゃべっている最中は、僕たちの質問にも快く答えてくれたので、少しわけいった質問もすることができた」と、ホームレスの方との交流の様子を綴っている。

〈生きることは、なまやさしいことではない〉

また別の生徒は、「最後に回った駅近くにすむ野宿生活者の方のお話は為になるもので、学校授業や物理学のことを話し、とても教養のある人だったのには驚いた」とその感動を率直に述べている。「次に行った場所は西口の階段の下だ。そこでは、とても親切なホームレスの方がいる。その人に僕達は、どうしてホームレスになったのか？　ホームレスになって何年になるのか？　等を問い掛けてみた。ここでは相手のホームレスの方が物理や大学の授業の話や速記術について語ってくれた。この方はとても物知りで優しい方だった。このホームレスの方々や水曜パトロールの方々は僕に大切なことを教えてくれた。それは、人間として生きるということは、決してなまやさしくないということだ。これは、僕が個人的に感じて学んだことだ」と、述べている。これは、この生徒自身がじかにホームレスの方に接して直接見聞きした多くの事柄から学び取ったことである。彼が今後、高校生活やその後の人生を生きていく上でこの経験はひとつの大きなバックボーンになるのではないだろうか。

この夜のパトロールの経験は生徒たちに大きな影響を与えた。翌日、校長に報告をする中でも自分たちの生の言葉でその感動や学びを伝えていたのが印象的であった。「またパトロールに行きたい」「公園を通るときに知らない内にホームレスの人の安否を気遣うようになっている」などの声も聞かれた。

そんな折り、市のボランティアセンター広報にホームレス自立支援施設の代表の方の記事が載っているのを目にした。生徒に呼びかけると関心を示したので連絡、訪問の承諾を得ることができた。「一一月一〇日の日曜日に、NPO法人を経営している『ふれんでぃ』を訪問しに行った。ふれんでぃは、タクシー会社の寮を借りてホームレスの方々を入寮させている施設だ。ふれんでぃは初めは無料で朝食を振る舞っていた。ふれんでぃでは施設見学や施設長からお話を聞いた。施設に入寮している人数は約一三〇人で、五〇～六〇代が多い。スタッフが一九人いる。今月中に、渡田に同じような施設ができる予定がある。（中略）寮に入寮している方々は東北の方が多い。その理由は、地方から出稼ぎにきて何らかの理由でホームレスになってしまった人が多いからだ。ホームレスの方々のもっている疾患は、内臓器の疾患、シラミ、腰痛などが多い。ホームレスの方々が空き缶収集をして一日に集めている量は、自転車で三〇kg、歩きで一五kg。缶一kgあたりのレートは八〇～一〇〇円だ。その他のお金の収入先は、日雇いで雇ってくれるところや生活保護のお金だ。このように働く人がいるが、何もしないで毎日寝ている人もいる」

さらに、「ふれんでぃの問題点は地域住民との壁があり、地域に溶け込めていないことだ。この問題は渡田にできる分寮にもいえることだ。この問題を改善するには地域との交流を大切にしていくのが一番の近道だと思う。その他に寮に何日か泊まっていただいて経験してみる。寮に宿泊するのは、僕たちも勧められた。」

生徒はここで生活保護費等についての具体的な説明を受けた後、インタビューの機会を得ることができた。「Kさんという北海道出身の五五歳の男性から話を聞いた。Kさんは、学校卒業後一〇代の時に知り合いのつてで仕事を紹介してもらいに川崎にきた。しかし、年をとるにつれ仕事もなくなり、体に変調をきたして十分に仕事もできなくなりホームレスになってしまったと聞いた。入寮したのは昨年の一月二六日だが、その前は八丁畷周辺の旅館に泊まって生活していたそうだ。野宿生活も一〇年前後経験したそうであるが、とてもつらい生活だったと話してくれた。現在は、週一回から二回ほど川崎の工業地帯で働いて、収入は月八〇〇〇円から一万円前後だそうだ。自立は、現在、経済的理由から考えていないそうだ。ほかにも何人かの人から、どうして自分がこういう状況になってしまったかの理由などを聞くことができた。話を聞いた人みんなそれぞれどうにもできない事情があってホームレスになってしまったのだとわかった。」

② ドメスティックバイオレンスの問題に取り組む

ＤＶ防止法（配偶者からの暴力の防止及び被害者の保護に関する法律）は二〇〇一（平成一三）年四月に制定され、同年一〇月一三日から一部施行、翌年四月一日から全面施行となった法律である。

本法律の立法化に向けてはさまざまな経緯があり、主な内容は以下のとおりとなった。

・配偶者からの暴力について「犯罪」と明記したこと。
・国及び地方公共団体には、配偶者からの暴力を防止し被害者を保護する責務があるとしたこと。
・都道府県が配偶者暴力相談支援センターを開設するものとしたこと。
・警察官は配偶者からの暴力による被害の発生の防止に努めること。
・医療関係者が配偶者からの暴力によって負傷したりしている者を発見したときの通報や支援センターに関する情報提供について定めたこと。
・地方裁判所は、被害者の申し立てにより六カ月の接近禁止や二週間の自宅退去の保護命令を発することができること。

などである。

〈かながわ婦人相談所へ〉

生徒のなかでもＤＶ法に対する関心は高く、五人のメンバーが調査に取り組むこととなった。

「私たち三班は、一〇月二日水曜日にかながわ県民センターの一四階にあるかながわ婦人相談所のほうに行き、実際にそこの職員の方にお話を聞いてきた。なぜ私たち三班がＤＶ防止法について調べることにしたかというと、授業でＤＶ防止法という、配偶者に暴力を受けた人が相談にいく場所があり、配偶者に暴力を振るった人は何らかの処罰を受ける、という内容のプリントをもらい、私たちはそのプリントを読んでとても興味をもったからである。もっとＤＶ法について知りたい、ＤＶ防止法ができたことで配偶者からの暴力は減ったのか、また相談にきた配偶者たちの対応はどのようなものかということが知りたくなり、みんなで話し合った結果、実際にかながわ県民センター内の婦人相談所の方を訪問し話を聞いた。」

「私たちは準備の段階でこういった相談所やシェルターなどを探し、一〇四番に電話をかけても『届け出はありません』といわれた。やはりこういった施設には身の危険を感じた人や居場所を知られたくない人が多く訪れるのでこういった公式の場には公開されていないのだと思った。加害者から被害者を守るための義務であり、仕事であるからなのだと思う。しかしそんなあからさまにしてはいけない相談所で今回は私たちのためにわざわざ時間を割いてお話をしてくださることになった。」

やっと訪問許可を得る。「訪問するまでの準備は、まずどこに婦人相談所があるのかわからなかったので情報センターのほうに電話し、かながわ県民センターに相談所があるということを聞き、かながわ県民センターの方に電話し婦人相談所の方につないでもらった。そのあと、先生と婦人相談所の職員さんとの話し合いで、のちに訪問許可を得るためにファクスを相談所の方に送っていただければということになったので、私たちは電話をしたその日にパソコンを使い訪問許可書を作り上げて先生に施設の方へ送っていただきやっと訪問許可を得ることができた。」

ドメスティックバイオレンスという問題の性格上、幾重にもプロテクトされたガードを突破しながら、生徒たちは訪問の日を迎えることとなった。筆者も引率しての訪問であったが、あえて前面にでることは控えて、挨拶以外は進行や質問など、すべて生徒たちがとり行った。

「事前に班全員で質問を考えていった。その場では緊張して質問をあまりできなくなってしまった。だが、職員のかたは細かく丁寧にいろいろな話をしてくださった。（中略）電話相談で一番多い相談は身体的暴力であるが、精神的暴力の相談も結構ある。支援センターでは相談機関の紹介や情報提供などの対応もしている。一日の電話相談件数は約二〇件位だそうで直接来られる方は、多くて三人程度である。多くが夫から妻へ向けられる暴力で九〇％以上が女性からの相談である。（中略）一時的にでも暴力から逃げるための被害者を保護する施設もある。だが加害者から支援センターに電話があり、友人などのふりをして被害者の場所を聞くケースもあるようだ。加害者の多くは会社では真面目だがアルコールが入ると一八〇度転回してしまい暴力を振るうケースが多いという。（中略）今回、支援センターを訪問してDV法の現状を知ることができた。実際に電話相談を受けている方にお話を聞いたのでとても現実的であった。ひとつ質問をするとその何倍もの話をして下さった。私たちの近くにこんな悲しい現実があることを知り、とても残念な思いになった。法が施行されてからは保護などができるようになったが、それまではしっかりとした対応がされていなかったと思うと悲しいかぎりである。」

「結婚した仲なのに暴力をふるうなんて私には考えられないが現実に起きているのである。私のすぐ周りにはそのようなことは起きていないが、いつ起きるかわからない。もし起きたとしたらどう対処していけばいいのだろう。まず警察に相談するというのが思いつくが、警察はすぐには動いてくれない。何回も足を運び相談したのに、口だけで動いてくれないといったことが起きている。婦人相談所では警察と違いどんなささいなことでも相談に乗ってくれる。どんな方からの相談も受けてその人に合った対応をしてくれる。今やっと警察も動き出したが、相談所のように親身になって相談に乗ってくれるところはまだ少ないようである。」

（3）実社会との関わりのなかで

今回の実践を通して、社会福祉の授業への多くの知見を得ることができた。生徒の学習に対する姿勢や意識の変容にはいちじるしいものがあり、改めて体験活動や課題解決型の学習効果が大きいことが明らかとなった。実社会で起きているさまざまな事象を生徒自身が直接自らの課題に引き付けてとらえること、体験を通して学びを深めること、教室に持ち帰った体験を共有化すること等、今までの学校教育では得られなかった新しい学習の可能性をみることができた。

しかし通常の授業に加えての事前事後指導には膨大な時間と労力を要するのも事実であり、今後、各科目とくに社会福祉演習などの授業での実施においては、システム化に向けての教師の研修・研究と物理的な条件整備（予算・人員・情報へのアクセス・スーパーバイザー等）の充実が求められるところである。

第3節■専門教科「福祉」設置に至る経緯

(1) 高等学校における職業教育

一九八一(昭和五六)年一月、文部省(現 文部科学省)は「理科教育及び産業教育審議会」に対して、「高等学校における今後の職業のあり方について」の諮問を行い、同審議会は一九八五(昭和六〇)年二月の答申のなかで、高齢社会の進展に対応する「福祉科」設置の必要性を指摘した。

同年五月に文部省は産業教育の改善に関する調査研究協力者を委嘱し、調査研究を進めた。このなかの「福祉科部会」における検討結果が一九八七(昭和六二)年六月に報告された。それによると、「社会の変化と福祉ニーズの増大・多様化」のなかで、「福祉サービスに従事する人材の確保と資質の向上」や「福祉サービスの多様化に伴うボランティア活動の活性化」を背景として福祉科設置を位置づけている。さらに「高等学校において新しいタイプの職業学科として福祉科を設け社会福祉に関する職業教育を行うこと」や「若い年代から人命の尊重と福祉への関心と理解を養い、将来、生徒が家族や地域の生活を支える役割を担うようになったとき、(中略)人間教育としても」意義があるとしている。そして福祉科のタイプを、専門的な職業人の養成をめざすタイプと、社会福祉関係の高等教育機関への進学をめざすタイプの二つに分けている。福祉科において取り上げる教育内容として「社会福祉基礎」「社会福祉制度」などの科目をおき、福祉科卒業生が一定の職業資格等として位置づけられることが望まれるとしている。

これと軌を一にして、一九八七(昭和六二)年五月に「社会福祉士及び介護福祉士法」が成立し、

表 3—2　高校福祉科における介護福祉士受験資格に必要な科目単位

科	科　目	単位数
福　祉	社会福祉基礎	4
	社会福祉制度	2
	基礎介護	6
	社会福祉援助技術	4
	社会福祉実習	6
	社会福祉演習	4
家　庭	家庭総合	4
看　護	看護基礎医学	4
合　計		34

注）社会福祉士及び介護福祉士法施行規則第 21 条別表第一③平成 15 年度以降入学生

介護福祉士国家試験受験資格の中に高等学校福祉科卒業が位置づけられた（表3-2）。

（2）文部科学省「学習指導要領」改訂の概要

「社会福祉士及び介護福祉士法」によって高等学校卒業時に国家資格としての介護福祉士取得が可能になったために、私学のみならず公立においても福祉科（総合学科や普通科のコースを含む）設置の動きが活性化した。先進校と呼ばれる学校では、教師が手探りのなかで自己研修を重ねながら実績を積み重ねていった。

このようななかで文部省からの諮問を受けた理科教育及び産業教育審議会は一九九八（平成一〇）年七月、「今後の専門教育における教育の在り方等について」答申を行い、教科「福祉」を新たに設置する必要があるとした。理由としては二〇一五（平成二七）年に六五歳以上の者の割合が二五・二％となり、四人に一人が高齢者という超高齢社会を迎えるとともに介護を要する高齢者も急増し、二〇二五（平成三七）年には五二〇万人に達するとの見込みや、「障害者プラン」における障害者の社会的自立や介護サービス充実のための人材育成の必要性をあげている。

また一九九八（平成一〇）年七月、教育課程審議会が「幼稚園、小学校、中学校、高等学校、盲学校、聾学校及び養護学校の教育課程の基準の改善について」答申を出したなかでも、専門教育に関する教科「福祉」を設置することとした。

以上のような経緯を経て、一九九九（平成一一）年三月に告示された文部省の高等学校学習指導要領において、専門教科「福祉」が創設された。また、「生きる力」を育むための「総合的な学習の時間」も創設され、体験的活動や課題解決型の学習が重視されることとなった。

第4節■今後の課題──若者たちへのエール

(1) 教員養成を巡って

高等学校に専門教科「福祉」が創設されたとはいえ、まだその条件が十分に整っているとはいえない。なかでも教員養成を巡る状況には矛盾を感じている。例をあげると、教育実習の受け入れ先の問題がある。筆者の勤務校は福祉科設置校であるので首都圏の多くの大学から教育実習生受け入れの依頼を受けている。

これまでは本校卒業生の実習を受け入れたが、今後は他校出身者の実習も受け入れざるをえない状況である。理由は、学生が母校で実習を希望しても福祉科教員が配置されておらず、文部科学省から特定の教科および科目の限定もないために「現代社会」「保健体育」等の科目での実習となり、大学で学んだ「福祉科教育法」の指導法を現場で学ぶ機会がないためである。実際に母校の教員から、「そのような形での教育実習では責任がもてない」といわれたり、学生自身が福祉教育現場を知らないで教員免許を取得することに不安を感じたりしているという声も聞かれる。今後、福祉科設置校での教育実習を積極的に推進するためには、個々の高校や大学の努力だけではなく、文部科学省や都道府県からの支援が早急に求められる。なぜなら、質の高い福祉科教員養成なくして福祉教育の質を担保することはできないからである。

(2) 福祉科教員の採用

また、福祉科教員の採用枠が狭く、教員免許を得ても教職に就くことがきわめて困難であるという問題もある。専門学科だけでなく普通科でも「社会福祉基礎」などのカリキュラムを設定して多くの高校に福祉教育を導入することや、「総合的な学習」における福祉分野での学習支援のために小・中学校にも福祉科教員を配置すること、さらに地域での福祉教育やボランティア活動支援のスタッフ等、様々な分野への活用が考えられる。新しい学習指導要領が実を結び、次回の学習指導要領改訂の際に高校普通科や小・中学校でも福祉教育が位置づけられるとすれば、福祉科教員の活躍の場は飛躍的に広がるであろう。その成否はここ数年の福祉教育の展開にかかっているといえよう。

（3）生きる力の基礎は学力

二〇〇二（平成一四）年から小中学校で（高等学校は二〇〇三年から）実施されている新学習指導要領では、総合的な学習の時間と完全学校週五日制によって授業時間が大幅に削除されることとなった。このため、「基礎学力が低下するのではないか」「塾への依存が強まり、父母の教育費も増えるのでは……」など、懸念の声が聞かれる。全国の小中学生を対象にした文部科学省の調査によると、現在の子どもたちは数学的な学力の低下が顕著であるという。また、西村和男・和田秀樹氏らによる「分数ができない大学生」「日本の子どもたちの深刻な学力低下」などのアピールが世間の関心をよび、学力論争は社会問題ともなっている。

著者もかつて子育てのなかで、読み書き算を中心とした基礎学力の必要性とそれを十分保障しているとはいいがたい日本の学校教育の現状に直面した経験をもつ。そして親が地域で行う「家庭塾」をはじめた。わが子の友だちやその親と一緒に夕方「音読・漢字・計算」を一時間程度毎日続けるだけのいたってシンプルな営みであるが、その効果は絶大であった。まずコツコツと何かに取り組む根気が養われ、国語と算数の基礎的な力を培うことができた。また地域のなかで多くの人びとと関わることができ、お互いの子どもたちを皆でしつけることもできた。この間に作成した一〇〇マス計算プリントは、昨今の学力づくりブームのなかで要望があり、出版された（岡多枝子『スーパー一〇〇マス計算プリント』清風堂書店、二〇〇三年）。

（4）若者たちへのエール――豊かな個性と限りない可能性に満ちて

これまで、高校福祉科の取り組みを中心に若者の学びや生きる姿を書いてきた。ホームレスの自立支援について調査・体験をしたT君は、最初「人生に失敗した人たち」ととらえていた人びとに直接会い、話をしたりパトロールの経験を通して、「このホームレスの方々や水曜パトロールの方々は僕に大切なことを教えてくれた。それは、人間として生きるということは、決してなまやさしくないということだ」と自らの感性を通して体得した言葉でその驚きや発見、認識を「これは、僕が個人的に感じて学んだことだ」と、誇らしげに述べている。また、ドメスティックバイオレンスの問題に取り組んだグループのAさんは、「暴力を受けても加害者から逃げない人もいて、私たちからするとなんで暴力を受けているのに逃げ出さないんだろうと思ったり、そこまで一緒にいたいのかな？　と思うけど、（中略）今はこんなに暴力をふるってきているけど私がちょっと我慢すればまたあの人はきっと優しい人に戻ってくれるはず……。という思いを捨てきれずなかなか家を飛び出すことができないと聞き（中略）まだ私たちの知らないことはたくさんあるし、私たちが考えているほど解決までたどりつくのはきっと楽じゃないし、事態はとても深刻なんだということを感じ取ることができた」と記している。暴力の非道さに憤りながらも夫婦間の葛藤や矛盾を感じ取り、実際の生活や人生の上での解決のむずかしさを身をもって学んでいる様子がうかがえる。

またBさんは、「同時に加害者に対するケアも充実させなければならないと思われる。なぜなら、ドメスティックバイオレンスに及ばなければならなかった理由として、加害者自身もまた幼少の頃などに家庭内暴力を受けていた事例が多くあるからだ。（中略）そのドメスティックバイオレンスが起こった家庭で育った子供がまた、将来大人になって結婚してからドメスティックバイオレンスを引き起こしてしまわないとも限らない。そうなってしまってからでは遅いかもしれないので、世代を越えた事前の対策とケアが必要であると思う」として、被害者のケアだけでなく暴力を振るう加害者のケアの必要性を述べている。暴力的な男性に対して非難したり罰することは簡単であるが、そのケアや共生は生易しいものではない。彼女や彼らはそのことに気づき、そのような実社会に起きている現実から多くを学び取ろうとしている。Bさんは最後にこう書いている。「今後、ドメスティックバイオレンスに悩む夫婦や家族にとってこのDV防止法がどのように役立っていくかはまだ私の知るところではないが、被害者である方も加害者である方にも現状よりも行き届いたケアとサービスが行き届くようになるといいと思う。私が直接その方たちの被害を食い止められるわけではないが、例えば私が将来そういうふうにならないようにすることぐらいなら出来ると思う。今回、現場で実際に働いていらっしゃる方のお話が聞けてたいへん貴重な経験とさせていただけただけで良かったと思っている。この先、こういった問題を被害者や加害者といった本人たちだけではなく、親戚や友人地域の方々といった周りの人々、そしてもちろん相談所等施設の方々との連携により解決できるようになればいいと思う。そのために、DV防止法はあるのだから」と。

この実践は昨年（二〇〇二）度のものであるが、今年度の一年生にその報告集を紹介した。すると、あるグループが引き続きホームレスの問題に取り組みたいという。生徒たちは学校の近くの公園で生活している方々との交流会を企画した。活動日は一二月一七日、暮れも押し迫った寒い日のことである。他のグループは保育園や「人体の不思議展」などへ出かけるため、いつもの通学服であったが、このグループは私服での活動許可を求めてきた。理由は、「普段着でお茶会をしたいから」とのことである。当日は、銘々が分担したポットや紙コップ、紅茶やコーヒーを持ち寄った。手作りのクッキーを焼いてきた生徒もいる。実際に何人かのホームレスの方の参加を得て、なごやかに交流できたようである。今、報告書をまとめた進級論文の作成にとりかかっているが、空き缶をどの位集めていくらになるとか、土の上に何を敷くと厳寒期の夜をしのげるといった会話が聞こえてくる。先輩の学習成果をもとに後輩たちは一歩踏み込んで、「普段着で」の交流を自然体で行っている。折しもその公園で放火や、小・中・高校生によるホームレス襲撃事件が報道された。共生といった肩肘張ったことではなく、地域の中での日常的な触れ合いや見守り活動に、私たち大人が若者たちとともに踏み出すことが求められているように思われる。

人が生きることの決して「なまやさしいことでない」現実や、「それぞれどうにもできない事情があってホームレスになってしまった」こと、暴力を受けても「解決までたどりつくのはきっと楽じゃない」ことに気づき、その厳しさや重さの前に立ちすくむ思いを経験した生徒たち。駐車場のなかに「寝られるのは確かに迷惑かもしれないけれど、排気ガスをかけたりする嫌がらせは良くない」と住民とホームレスとの利害の衝突や、「このように働く人がいるが、何もしないで毎日寝ている人もいる」と、自立支援のむずかしさや社会の矛盾にも気づいていった生徒たち。

ホームレスの方と「会話が終わった後、僕自身が壁をつくっていて変に遠慮していたんだなと感じ、思いを改める必要があると思った」経験や、「勉強の話になると、熱心に物理の話をしてくれた。地面に水で書いて詳しく教えてくれた。かなり難しい内容で、半分わかったような、わからないような、そんな感じだった」経験。ボランティア活動の参加者たちが「夜遅くにもかかわらずとても明るく元気で、生き生きとした表情で心からこの水パトを楽しんでいるようだった」ことなど、生き生きとした学びの様子が伝わってくる文章も多い。

このような人びととのさまざまな出会いの中から、生きることのむずかしさや楽しさを体得している様子がわかる。筆者はこのような学びの場があれば、若者たちはそこから多くのことを自分自身の力で学び取り、生きる上での力にしていくであろうことを確信している。

(5)「うざったい大人」になろう――ぶつかりあう関わり

一見、クールで何を考えているのかわからないといわれる若者たちではあるが、その胸のうちには熱い思いがつまっているのではないだろうか。高度に発達した文明社会のなかにあって、情報や機械に取り囲まれ、操られている観すらある若者たち。しかし、教育の場にいて、「若者たちは捨てたもんじゃない」というのが筆者の率直な感想である。確かに見栄っ張りで意地っ張りであったり、大人以上に器用であったり、時には自己中心的との批判も聞かれる。では、若者たちは昔に比べてそんなに変わってしまったのだろうか。否、むしろ変わったのは大人の方ではないだろうか。若者は単にその影響を受けているに過ぎないのではないか。若者が何を考えているのかわからないと嘆く前に、大人はまず彼らの傍にいて、そのつぶやきに耳を傾けてみよう。若者の考えは確かに未熟であり、大人からみると欠点だらけに映るかもしれない。しかし、彼らの内に燃えている火種を信じて直接ぶつかってみてはどうだろうか。私たち大人はいつの間にか、若者と直接ぶつかることを避けるようになってしまったのではないだろうか。
私の勤務してきた学校でも、生徒は親から進路や生き方についてあまり反対された経験をもたない。たとえば三者面談で、「進路はどうするの?」「就職」、「おうちの人の意見は?」「自分の好きなようにしなさいって」というやりとりの後に、「お母さんはいかがですか?」と訪ねると、「親としては大学か専門学校に行ってほしいと思うのですが、本人の意志に任せています」と一見耳障りのよい返事が返ってくる。しかし果たしてそれで良いのだろうか。親は自分の意見をキチンと伝えて、時には子どもの前に立ちはだかる壁になってやるべきではないのだろうか。筆者は、何も大学に行かせるべきだといっているのではない。一度は世の中の不条理や仕組みを話し、親の気持ちや意見を伝えておくことが大切ではないかと思うのである。子どもはその壁を乗り越えることでひとつ大人に近づくのではないか。またプチ家出をしても携帯電話でつながっていれば何もいわない親や、夜更かしをしても注意をしない親もいる。しかし、たとえ嫌われても「ウチはウチ」と筋を通す厳しさが必要ではないだろうか。

先回りして失敗を回避させてあげようとする過保護な親もいる。しかし、人は失敗のなかから多くを学び成長する。子どもたちから失敗する権利を奪ってはならない。かくいう筆者も子育てのなかで幾多の失敗を重ね、今でも冷や汗の出る場面や悩むことも多々ある。また教師としても周りから支えられたり助けられて勤まっている存在である。そんなつまずきだらけの歩みを振り返り、今一番に思うことは、若者のうわべの言動に惑わされず、その内にある豊かな個性と限りない可能性を信じていきたいということである。私たち大人の方がまず彼らに歩み寄り、じっくりとその言葉に耳を傾けて聞こうではないか。ここぞという時には思い切ってぶつかっていき、前に立ちはだかり、時には日が暮れるまで待ち続ける。そんな営みを若者たちは「うざい」「ダサイ」というかもしれない。しかし、今こそそんな「ダサくてうざったい」大人になって、愛する若者たちにエールを贈ろうではないか。案外、彼らもそれを待っているような気がするのである。

第4章

介護保険制度のすき間をうめる女性たち

介護保険制度が創設され、はや、四年目を迎えた。この制度は、住民の権利として介護サービスを自らの意思で選択して利用できるようになった点で画期的な制度といえる。しかし、まだサービスに関する情報は十分ではなく、住民は選択してサービスを利用するには至っていない。そこでさまざまなサービス情報やサービス評価のための住民活動が求められている。

本章では、地域の女性たちが自分の生活のなかから保健・福祉・介護情報を収集し、高齢者にもわかりやすいように、電子情報でなく「冊子」を作った地域住民活動の一環を紹介する。制度創設当初多くの欠陥が指摘されたが、使いやすい制度に成長させていくには私たち住民の知恵が必要ではないだろうか。あなたも、社会のために、地域のために活動してみませんか。

第1節■介護保険制度が社会にもたらした変化

日本人の四人に一人は高齢者（六五歳以上）になる時代は目前にきている。超高齢社会の介護問題への対応として制定された介護保険制度は、高齢者の自立と介護の社会化を目指した制度として発足し、はや四年目を迎えた。当初は欠陥制度との批判も多かったが、この制度が社会にもたらした変化は大きく、さまざまな方面での変革の原動力になったと実感している。

その変化のひとつは、人権意識の浸透である。二一世紀は人権の時代ともよばれている。介護保険制度によって従来の「与えられる福祉」から「選ぶ福祉」へと変換された。介護保険制度は、高齢者および障害者が生活障害を抱えて生きていくための権利として、自らの意思で自分の住む場所を決定し、必要なサービスを主体的に選択して利用できる制度となった。日本人は長い封建制度の影響から、伝統的に自己主張しない権利意識に乏しい国民といわれてきた。とくに、福祉にあっては、「自己決定の尊重」がその理念として掲げられていたにもかかわらず、わが国においては長い間措置制度がしかれていたため「与えられる」意識が強かった。一九九〇年代に入って、医療領域でのインフォームド・コンセントの理念に触発され社会保障、高齢者医療・介護のあり方が問われるようになり、「利用者主体のサービス」が叫ばれるようになった。このような流れのなか、介護保険の導入によって、一般市民にも人権意識も急速に高まってきた。とくに高齢者や障害者という、いわば社会的に不利な立場にたちやすい人びとに、自己決定権と選択権が制度として与えられたことの意味はきわめて大きいといえる。

二つ目は住民活動を促進させた点である。二一世紀はまた住民参加の世紀ともいわれるが、介護保険は地方自治型社会福祉を可能にした制度でもある。また、たんに政策上だけでなく、ボランティア活動やNPO活動をはじめとするさまざまな住民活動を生み出した原動力となり、これらの活動が介護保険を側面から支えているのも事実である。むしろ住民の参画なくして介護保険は成立しないといえる。

三つ目は、女性を介護から解放し、介護に対する意識を変えた点にある。これまで、女性の仕事とされてきた介護の仕事を、社会全体で担おうとした、つまり介護の社会化を促進させたのが介護保険制度である。人生五〇年といわれた時代の介護は、家族が介護を担ってもそれほど長い年月ではなかった。しかし、現在は二〇年にも及ぶ間介護を担っている人もまれではない。そして介護負担を背負った女性は「大変だ」「手伝って」などとはいえない時代が続いてきた。しかし、介護保険の導入によって、サービスを利用することが権利として認められ、介護サービスを利用することに対する抵抗感が減少しつつあること、「大変だ」といってもよい社会、介護負担を受け止め、支援してくれる社会が成立したことは女性にとってきわめて大きな変化である。このことによって、女性がたんに介護のみに終始するだけでなく、介護しながらも社会参加できる社会になったことの意味は大きい。

本章では、このような社会的変化のなかで、地域住民として介護保険の充実のために、介護を自らの問題として取り組み、自らも介護の経験をもったり、高齢者問題に市民として取り組んできた女性たちの活動を紹介したい。介護保険サービスを選択利用するための情報を提供するために、使いやすい介護保険にするために市内の保健福祉情報を自分たちの手で探索し、情報冊子「つなぐ」を発行した女性たちを紹介するものである。すでに介護保険開始から四年目を迎えた今、あちこちに同種の情報誌が発刊されてきており、決して稀有な事例ではなくなった。しかし、まだまだ情報は不十分である。これらの女性たちの決して特殊ではない活動を紹介し、わが町の情報を周知し、使える介護保険にしていただきたいとの願いを込めたものである。

第2節■保健医療福祉の情報冊子「つなぐ」をつくった女性たち

(1)「つなぐ」ができるまで

はじめに、浦安市で保健医療福祉の情報冊子「つなぐ」が作られた過程を紹介しよう。

「つなぐ」は、ボランティア国際年を記念して何とか二〇〇一年中に完成したいとの思いから、浦安市に住む知恵と活力にあふれる六名の中年女性と一名の男性が「つなぐ編集委員会」を結成し、互いの地域活動のなかから培われたネットワークと心意気によって出来上がった情報誌である。メンバーについての詳細は後にして、まずは、いきさつから紹介しよう。

「つなぐ」編集委員会の代表であるOさんは地域の自治会の役員として地域住民との接点が多く、さまざまな相談に対応していた。介護保険制度が施行されてからは、介護保険に関する相談、施設や利用サービスに関する相談がもちかけられるたびに、住民にわかりやすい資料がほしいと考えていた。その思いは、同じ自治会委員として活動をともにしていたTさんとも一致した。ちょうどその折、神奈川県で介護保険情報誌『タッチ』が女性たちの手で出来上がっていたのを知り、「浦安でもこれが欲しい」と考えた。Oさんは自治会役員として市役所との連携を多くもっていた関係から、元保健師のIさんに相談をもちかけた。Iさんは、一九八〇年から浦安市の保健師として活躍していたが、当時は退職してNPO法人ケアマネジメント研究所「ふくろう」の会長をしており、民間人として自由に活動できる立場にあった。Iさんは行政職として機能するなかで、健康情報は健康増進課、福祉は介護保険課というように情報提供する課が異なり、互いの連携が乏しい日本の縦割り行政の弊害を身にしみて実感し、ケアマネジャーとしても情報が一冊にまとまっていると便利だと考えていたので、Oさんの提案には「そうだ、そうだ」とばかりに賛同した。まさに時を得た提案だった。

そこでIさんの人脈が活躍することとなった。保健医療福祉の情報冊子を作るのならば、たんに高齢者の介護保険情報だけにとどまらず、まずは、予防活動が必要だろう、そして病気になったときには、医療情報が必要だろう、と日頃実感していた縦割り行政の不具合を連動して「一冊の本」にすることの必要性が頭に浮かんだ。そうなると街で地域の人びとのために制度のすき間をうめる活躍をしている人びとの顔はすぐに浮かんだ。Iさんの声かけは始まり、みな一様にその必要性を感じていたので、すぐに「編集委員会」は出来上がった。

集まった人びとを簡単に紹介しよう。浦安市から教育委員を委嘱され、かつ、市の社会福祉協議会の副会長としての活動から、各種議員と顔が利き、また自宅で母親の介護もしている、いわば当事者でもあるUさん、浦安市の高齢者問題の分野からは、「高齢者問題研究会ユーユー」の代表を長く務めていたHさん、市民の助け合い活動推進者の代表として社会制度のすき間で住民を支える互助グループ「たすけあい　はとぽっぽ」（現在はNPO法人になっている）を立ち上げ代表者になったYさん、障害者の娘を抱えつつ、自らも介助ボランティアグループ「あいあい」の代表のSさん、そして黒一

写真 4—1 「つなぐ」の表紙

点のTさんの計七名であった。さらに事務業務を手伝ったNさんが加わってこの「つなぐ」の共同作業が始まった。そして二〇〇一年一一月、当初の計画どおり、ボランティア国際年に完成された。

(2) 「つなぐ」ってどんな本?

① 出版意図

では次に、「つなぐ」の内容を紹介しよう。「つなぐ」のタイトルはまさに編集委員の出版意図の結集といえよう。ネーミングの候補には「むすぶ」もあったという。しかし、現状をみると、さまざまな制度は「点」で存在している。たとえば、ショートステイという制度はあるが、道路までしか迎えの車は来ない。しかし、現実にはベッドから道路の車までいけないためにショートステイを利用できない人がいる。この「点」で存在する制度のすき間をつなぐ役割を担おうとの意図から「つなぐ」になったとのこと。表紙には編集委員の手があたかもお互いのつよいネットワークを象徴するかのように円くつながれている（写真4-1）。

この冊子の編集委員は地域で活躍する市民の集まりだから、行政にはできないこと、民間だからできることをしようと考えた。

より具体的な資料を提供するためには、訪問調査を行った「読みもの」にすることも考えたが、編集上の公平性を期すために、編集者の主観を排除したアンケート方式にした。そのため、情報量にはばらつきもできたが、それも施設を判断する材料のひとつになると編集者たちは考えた。「つなぐ」の「編集に当たって」に掲載された文書の一部をお借りしてその出版意図を紹介する。

> 二〇〇〇年四月に介護保険法が施行され、サービスの利用は、利用者が自分の責任で自由に選んで利用するというシステムに変わりました。選ぶにあたっては、サービスはどのようなものか、それはどこにあるのか、どのように求めるのか知らなければなりません。そこで、住民の立場から、健康生活、自立・介護予防等を生活者の視点で、現在ある保健福祉情報を集めて提供し、人と人、人とサービス、人と施設、行政と民間、行政とボランティアなどを「つなぐ」ことを目的に、制度やサービスの情報を、できるだけわかりやすく提供しようとこの冊子を編集しました。
>
> ――筆者　中略――浦安市にある保健・医療・福祉などのサービスを、上手に使いながら、充実した豊かな人生を過ごしていただきたいと思います。
>
> この冊子が、住民と地域を「つなぐ」ために役立てば幸いです。

この冊子が完成するまでには、二〇回ほどの会議を実施した。予算は当初七名のメンバーが一人一万五〇〇〇円の出資金を出しあい、編集委員が主催したセミナーや講演会の謝金を作成費用にあてた。必要経費は主としてアンケート調査の郵送費であった。作成部数は七〇〇部、一部五〇〇円で販売した。二〇〇部は社会福祉協議会が買い上げ、民生委員などに配布された。残る五〇〇部は編集委員各自がもっており、必要に応じて販売や配布をした。

② 内 容

この冊子は先にも述べたように、たんに介護保険情報だけではなく、以下の内容が含まれている。これが本冊子のひとつの価値である。

〔健康を守るために〕

1 健康診査は年一回は受けましょう（成人保健事業の内容と実施場所、連絡方法）

2 医療は早めに受けましょう（救急診療所、休日救急歯科診療所、病院・医院・薬局・歯科についての問合せ先）

〔介護予防の生活〕

以下の事業について、ごく簡潔に内容を説明した文章と、連絡先の電話番号・住所が記されている。

1 地域のサロン

2 社会福祉協議会

3 自治会

4 グループ

〔生きがいづくり〕

1　公民館

2　Uセンター（老人福祉センター）

3　シルバー人材センター

4　老人クラブ（市内の二三の老人クラブの所在と連絡方法）

5　自治会

〔介護で困ったときに〕

1　まず相談するところ

2　介護保険を利用するには

3　介護保険サービスの説明

4　介護保険以外のサービスの説明

5　市民参加型の福祉サービス

6　ボランティアグループ

7　苦情相談

〔いろいろな相談窓口〕

1　行政の窓口

2　社会福祉協議会

3　民間の各種団体

〔家族だけでは看られない場合のサービス提供事業者〕

1　居宅サービス提供事業者（家庭訪問をしてくれるサービス）：訪問介護（一九事業所）・訪問入浴（八事業所）・訪問看護（五事業所）

2　通所で受けるサービス提供事業者：通所介護（二一事業所）、通所リハビリテーション（三事業所）

3　居宅介護支援事業者（二〇事業所）

4　在宅者の短期入所サービス提供事業者（九事業所）

5　長期入所の施設サービス提供事業者：介護老人福祉施設（二〇施設）、介護老人保健施設（二八施設）、介護療養型医療施設（九施設）

6　その他の施設サービス提供事業者：痴呆対応型共同生活介護施設（三施設）、特定施設入所者生活介護（六施設）、病院（一）、福祉用具貸与（一）

上記の各事業所・施設に対しては、たんに住所・組織だけでなく、施設・事業者がPRしたいことや、特徴を記入できるようなフォーマットを作成し、各事業所に配布し記載してもらい、返送を依頼した。したがってさまざまな形態で返信され、各事業所の個性も垣間みることができる（資料参照）。

また、随所に「よいケアマネジャーを選ぶために」「介護保険サービス利用の前に（確認しておくこと）」「介護サービス選択の判断材料」などの一口メモが記載され、利用者の理解と選択の便宜を図っている。利用者の立場に立った資料といえる。

資料4―1　アンケート用紙（ある施設の記入例）

＊ 該当する箇所に○印をつけて下さい。

施設名

＊ 介護老人福祉施設
（＊ 介護老人保健施設）
＊ 介護療養型医療施設
＊ グループホーム

事業者名

所在地 ：	
電話番号 ：	FAX
交通機関 ：	新京成線　徒歩10分
定　員 ：	入　所　38　名．　短期入所（入所に含）名． デイサービス　名．　デイケア　22　名．
教員数 ：	医　師　常　勤　1　名．　看護師　常　勤　1　名． 〃　非常勤　名．　〃　非常勤　8　名． 介護支援専門員　常　勤　2　名．　介護専門員　常　勤　18　名． 〃　非常勤　1　名．　〃　非常勤　4　名． その他の職種　常　勤　相談員1名，事務2名，PT1名．ST1名． 〃　非常勤
協力病院 ：	病院
居　室 ： （トイレの有無）	4人部屋　5　室（有（無））．　2人部屋　8　室（有　無）．4室（有） 個　室　2　室（有（無））．　その他　室（有　無）．
受入可能な疾患 ：	特に制限なし．本人の状態と診断書にて検討していく．
併設施設 ：	＊ 入　所．　＊ 短期入所．　＊ デイサービス．　＊ デイケア． ＊ 介護支援センター．　（＊） 医療機関．　（＊） その他．（居宅支援事業所）
介護保険外 利用料金 ：	入　所　食　費　780　円．　日用品費　300　円．　その他　350　円． 短期入所　食　費　780　円．　日用品費　300　円．　その他　350　円． デイサービス食費　400　円．　日用品費　300　円．　その他　350　円．
入浴日以外の希望入浴 利用料金 ：	有．　無． ○状況に応じて判断しています．
用意する物 ：	

特徴．．ＰＲ．その他．

今年で創設10年!! でも2番目に古い施設です．38床という小さな施設ではありますが．職員の数も多く．目の行き届く．心暖かい施設であります．
PT．STも常勤でおり．リハビリも充実しております．隣には．下総病院も併設しており．医療面においてもフォロー体制が整っています．嚥下においては．VFなども行い．力を入れています．介護員も看護師も常に明るく．元気いっぱいで．家族的な雰囲気のある施設です．

③「つなぐ」の評価・反応・今後

この冊子は、とにかくボランティア国際年内に出したいとの意向から、見切り発車的部分もあった。そのため、いくつか課題も残されている。しかし、冊子は大変好評だった。彼女たちは、編集委員のメンバーが互いに尊敬しあっていたこと、メンバーが皆、自分のまちをよくしたいとの思いから、自分のこととして冊子づくりしたのがよかったと思うと語っていた。さらにメンバー一人ひとりに、これまでの地域での活動の実績があり、各自の得意分野で情報収集できたこともよかったのだろう。

「つなぐ」の特徴の第一は、民間の住民が作ったということ。行政では公平性を保たねばならないという観点から、民間施設の情報は提供しにくい点、また施設の特徴など私的な意見は公表しにくいなどから、種々の制約を受けやすい。そこで、公的機関のみならず、設置主体のいかんを問わずすべての情報を収集した点が住民にとって有効であった。第二は、予防から福祉まで幅広く情報提供している点である。高齢者や障害者が自立して生活するためには、なんといっても「予防」が重要である。予防活動にはいろいろあるが、「健康を守るために」では健康審査の受け方や、医療機関を紹介、「介護予防の生活」として地域サロンや自治会活動の各種グループを紹介し、「生きがいづくり」活動も紹介している。第三は、浦安市内に限らず、周辺地区の情報も提示した点である。市内のみならず、浦安市に隣接している市町村の情報も含めて、施設の職員に自由に特徴を紹介してもらっている。

これをみた人たちからは、「行政が作ったものでないからよかった」「この本があって本当によかった」「今浦安に住んでいないが、自分の両親の介護を考えるのに、参考になった。自分の町の情報もどこに聞けばよいかわかった」「ケアマネジャーに相談しても、業者名と住所を教えてくれるだけなので、この本をみて自分で見学にいって確かめられるのでよかった」「何回みたかわからない、役に立った」など多くの肯定的評価をもらった。編集者自信も「作ってよかった」と実感している様子であった。

介護保険制度創設以降の介護現場の動きは激しく、すでに事業者は増加したり、場所が変わるなどめまぐるしく変化している。そこで、改訂版を作る必要も感じている。また障害者福祉版も作りたいと、メンバーは意欲旺盛で、まだまだあふれんばかりのエネルギーを感じた。同時に、地域にしっかり根をおろした、人生経験豊かな落ち着いた活力を感じた。

(3)「つなぐ」をつくった人たちのあゆみ

保健医療福祉の情報冊子「つなぐ」は六名の女性と一人の男性の手によって世に出た。この七名中一人のみが五〇歳代で、他はすべて六〇歳代であり、決して若い集団ではない。それでは、「こんなものが必要だ」と思う発想力、そして必要なメンバーを即座に集められる組織力、そして実際に役立つものを作り上げた実行力を備えもった、力ある人たちを紹介しよう。

まず、発起人で編集委員会の代表のOさんを紹介する。Oさんは東京から一九八四年に浦安に転居してきた。結婚までは会社員だった。浦安に転居してからは専業主婦であったが、地域の町内自治会の副会長をすることになった。この役は決して積極的にしたわけではなく、くじ引きによって決定されたという。しかしOさんは、一度役割を受けたら責任はきちんと果たしたいと考える責任感の強い人である。そんな彼女の仕事振りをみてか、転居してきた人から何か会を作って欲しいとの声があり、近所の友人と「緑会」を作り、園芸などを楽しんでいた。これをきっかけに、なにか自治会以外の活動をしたいと考えていた折、犬の散歩仲間の紹介での母子福祉推進員（知事の委嘱による）に推薦されたのである。その関係で、社会福祉協議会の「浦安市西二地区小域福祉圏ネットワーク事業推進委員」に推薦された。社協活動では浦安市のなかでもOさんの地区が積極的な活動をしており、『ふれあいネット』という機関誌も発行している。この活動をするうち編集委員の唯一の男性であるTさんとも知り合った。ちょうどその頃、NHKテレビで神奈川県の活動で『タッチ』という介護保険情報誌が紹介されたのを知った。それを見て、常日頃から介護保険について住民からさまざまな相談をもちかけられていたので、「ぜひ浦安でも作りたい」と考え、Iさんに相談。すぐに話はまとまり、地域のネットワークで関係があった七人が合意し、作成に取りかかった。Oさんは主として施設からのアンケート調査に当たったが、彼女の行動力が「つなぐ」完成の推進力になったことは間違いない。積極的な行動力は、これまで市役所へも頻繁に足を運び、住民の貴重な情報を提供してきたが、最近になって、役所でも住民の情報を積極的に取り入れようとするようになってきたとのことで、Oさんの活動もその火付け役のひとつになったのではないだろうか。Oさんは「役所も変わった」と実感している様子だった。

次に唯一専門職をもち、実質的な推進役をとったIさんを紹介しよう。九州出身のIさんは看護師として働いていたが、出産を期に子育てしながら保健師・助産師の免許を取得した。病院の看護師、看護学校教員、助産師など看護専門職として豊富な経験をもっていたが、一九七七年に浦安市に転居、一九七八年から浦安市の保健師として勤務した。一九七七年の人口は四万人だったが、たった一四年で一四万人に増加した。この急速な発展をつぶさに行政の立場でみてきており、Iさんはまさに浦安の発展とともに、保健活動の基礎を作り上げてきた。今回の活動の基盤はこの間の幅広いネットワークの賜物といえよう。一九九二年に体調を崩し、保健師を退職。その後ケアマネジメント研究所を設立し、高齢者問題・地域問題等について勉強会を開くとともに、ボランティアとしてケアマネジャー活動も行った。一九九四年にケアマネジメント研究所設立記念パーティーを実施し、市内で活躍する女性たちに声をかけた。今回のメンバーもその一員が多い。その行事の一環として「特別養護老人ホームを考える」というシンポジウムを行った。その際のシンポジストとしてUさん、Hさんらに依頼したことがきっかけとなって他のメンバーとも関係が形成されていった。「つなぐ」の内容に「予防」「健康管理」を盛り込んだ点などは、まさにIさんの保健師としての専門職の視点が生かされた部分といえよう。

次いで、いわば在宅介護の実践者でもあり、社会福祉協議会の副会長を務めるUさんを紹介する。Uさんは代々続いた眼科医の父上の影響で、視力障害者の点訳ボランティアを二〇年前から実施しており、これはライフワークとなっていた。その傍ら、これも父上の影響で、国際交流の仕事も手伝っていた。その関係から市の教育委員を委嘱され五年目になる。教育委員の役職指定として社会福祉協議会の理事となり、その後副会長も務めている。同時に母親を浦安に呼び寄せ、在宅介護に当たって一五年になる。高齢者の問題は社会福祉協議会理事という仕事上の問題だけでなく、同時に親の問題であったが、今や自分の問題としても取り組まねばならないと考えている。「つなぐ」には彼女のネットワークの広さも役立っていたようである。

次にHさんについて紹介する。Hさんは東京で生まれ育ったが、夫の転勤とともに長野県、船橋、浦安と転居した。浦安を最期の場所にしたい、「この街に長く住み続けたい」「この街を良くしたい」との思いから、高齢者問題研究会を設立した。その背景には、かつて長野で「長野老後を考える会」に所属していた経験が生きている。四九歳で浦安に転居してきたとき、「老後の生活設計講座」の企画委員を公募しており、長野での経験を生かして応募、企画委員となった。「浦安を知る」が自分のテーマであり、それは女性の問題でもあると考え、社会教育の一環として「高齢者問題研究会ユーユー」を、企画委員とともに立ち上げ、代表となった。ユーユーのテーマは「好きです浦安・この街に住み続けたい」であり、たんに行政に物申す会ではなく、高齢者や若者がいかに共存していくかを考え続けている。現在も勉強会と同時にボランティア活動として高齢者の食事会・サロンも開催している。

次にYさんを紹介する。Yさんは結婚後住んでいた東京世田谷区で生活クラブ生協組合員として活動していた。活動の動機は、子育て中に社会から切り離された感じがして、社会に対する飢餓感を感じていた時、生協の機関誌をみて刺激を受け、「勉強したい」の一念で生協組合員として活動した。一九七九年頃、浦安に転居し、すぐに生協を作り、活動していた。その時神奈川県の生活クラブ組合員が助け合いの会を作り活動している話を聞き、自分たちにもできそうだ、「地域に女性の働く場を作ろう」と考え、生活クラブの仲間一〇人と地域住民の助け合いグループ「たすけあい　はとぽっぽ」を立ち上げた。住民同士の助け合いだが、お互いに気兼ねなく利用できるようにと、一時間八〇〇円の有料とした。当時、浦安市は人口構成がもっとも若かったので、子育て支援のニーズが高く、産前産後の手助け、子どものおもり、留守番など、利用者の自宅に出向いてサービスを提供した。二〇〇二年九月にはNPO法人となり、Yさんが代表になった。事業は、次第に高齢者の介護にも応じるようになり、高齢者への感心が高まってきた。高齢者や子育て支援など役所の事業では提供しきれない制度のすき間をうめる「すき間家具」的存在と自認している。

次にSさんを紹介する。Sさんは編集委員のなかで唯一の五〇歳代であり、重度の障害をもった娘とともに暮らしている当事者でもある。娘の「町で暮らしたい」との希望から一九八三年に浦安に転居してきた。娘を幼少時より介護した経験から、障害者は自分にできることが「点」で存在しているため、生活をなり立たせるためには「点」と「点」をつなぐ介助が必要だと実感していた。また、利用者が何を求めているかを常に考えており、障害があっても「町の中で当たり前に暮らす」こと、つまりノーマライゼーションの理念の実現を身にしみて感じていた。また、各制度には必ず狭間ができており、その制度の狭間での苦労を何とかしたいと考えていた。そんな思いから、社会福祉協議会のなかにあるボランティア介助グループ「あいあい」に所属し、代表を務めつつ、ボランティア連絡協議会の会長も勤めた。さらにホームヘルパー二級の資格も取得し、五年間の実務経験もある。娘の介護やボランティア活動をとおして、制度のすき間をうめる活動の重要性、福祉制度を利用して生きていくにはいかに多くの情報を知っているか、事前に自分が何を知っているかがよい選択につながり、そのことがその人の人生にかかわることだと実感していたため、「つなぐ」編集の話には即、賛同した。

最後に唯一の男性メンバーのTさんを紹介しよう。Tさんは商社マンだったが、六〇歳の定年で商社を退職した。大変温厚な人柄であるTさんは退職に当たって、監査役としての職務を嘱望されたが、退職を決意した。そのとき、ディズニーランドの経営会社で独身寮を浦安に作ることになり、その管理人となった。かつては浦安市に隣接した船橋市に住んでいたが、平成六年に管理人として、妻とともに浦安市舞浜に移り住むこととなった。管理人としての主な役割は、多くの若い寮生のために、安全かつ適正な環境を提供し、地域住民との人間関係を良好に保つことにあった。「つなぐ」での役割は、ほとんどの時間を管理人室ですごすことのできる立場を生かして、主として情報収集と連絡の拠点となっていたようだ。彼は主に施設を担当し、アンケートの収集に当たった。回答の不備な点や理解しがたい点などを何回も連絡し、修正・加筆を依頼するために一施設当たり五~六回は連絡に費やしたという。情報収集に当たって一番苦労したことは、民間の無名の一任意団体の立場を理解してもらう過程であったとのこと。「つなぐ」完成は、Tさんの陰の粘り強い努力と人間関係能力によるところは大きい。男性とか女性とかを意識することではなく、人間として共通の課題である福祉社会がどうあったらよいかを常に議論しつつ「つなぐ」を作り上げていった。Tさんは、とかく社会の仕組みを平面的にとらえ、勝ち組み・負け組、弱者・強者、助けるものと助けられるものという枠組みでとらえるのではなく、高齢であっても、障害があってもその年代や立場でなければできないことがあるはずであり、それを可能にするように、つまり、その立場での自立ができるように支えあって、ともに生きていく立体的な社会が福祉社会ではないかと語っていた。現在は地域のコミュニティセンターづくりに情熱をもっており、「いくつになってもやることがたくさんあります」と目を輝かせていた。

このような七名のメンバーが情報冊子「つなぐ」を編集した。一名の専門職者を除いた他のメンバーはなんら特別な存在ではない普通の主婦であり、市民である。しかし、彼女たちの果たした役割は大きい。その原動力は「自分のまちを良くしたい」「浦安を住みやすいまちにしたい」という思いからであった。また、地域における住民としての支え合いの活動体験から、高齢者や障害をもった人が地域で暮らすには、各自にあった多様なサービスが必要であることをよく知っているからこそ生まれた活動といえる。

第3節■介護保険制度の課題と「つなぐ」の意義

(1) 介護保険制度における情報の意義

介護保険制度の最大の特徴は、福祉サービスが「与えられる福祉」から「選ぶ福祉」に転換されたことである。これまでのサービスは行政の「措置」として与えられる福祉であったが、介護保険制度は利用者が生きていくための「権利」として、サービスを利用することを自己決定し、どのサービスを受けるかを選択することができるようになった。この点は、まさに画期的なことであり、福祉の世界に「選択」という概念が導入されたことの意味はきわめて大きいといえる。

しかし、はたしてそれは実現しただろうか。筆者が二〇〇二年にH市の居宅介護サービス利用者を対象に行った調査[1]によると、介護保険利用者本人が自宅で生活することを自己決定したものは約八割であった。他の二割は家族の意思によって決定されていた。その背景には、高齢になって自分の力で自立した生活ができなくなったとき、子どもに頼らざるを得ない経済事情や住宅事情の問題があった。

介護保険情報に関しては、制度創設以前からマスコミや市町村の広報などで各戸に周知されていたはずであるが、介護ニーズが発生した時すでに制度を知っていて、自ら申請したものは二二％で、介護ニーズが生じてから民生委員や薬局などに相談にいって制度を知ったものが二七％、介護ニーズが発生しても自ら申請せず他者にすすめられて利用に到ったものが約四〇％であった。サービス利用に関しては、サービスを利用することの決定は、サービスの種類によって決定者が異なり、デイサービスなど利用者本人の楽しみを主としたサービスや、家事ができないなどの場合にホームヘルプサービス（訪問介護）を利用するには、本人の意思が反映されていたが、短期入所（ショートステイ）や訪問看護などは家族によって決定されていた。介護支援専門員（ケアマネジャー）の選択は主として役所の紹介によって決定し、サービス利用業者の選択はケアマネジャーの勧めや、民生委員の紹介などによって決定されていた。業者を決定するために役立った方法は、「知人・友人から聞いた」「ケアマネジャーから聞いた」「民生委員から聞いた」などのいわゆる「口コミ」であって、自ら調べるとか、チラシ・パンフレットなどの視覚情報を用いて自ら選択したものはほとんどなかった。

介護保険制度は、自らの選択と決定によってサービスを利用できる制度であるが、まだまだ自己決定には至っていないことが明らかになった。その要因としては、高齢者には新しい制度を自分のこととして認識することが困難であること、自ら選択する意識が乏しい上、選択するための情報がないことがあげられる。それは、措置制度の時は情報を周知させる必要がなかったからである。その意味において、今回紹介した「つなぐ」の意味は大きい。しかも一般の住民が自分が利用する立場で、利用者の視点で作られたことの意味は大きい。新たな制度の創設によって、住民が自らサービスを選択して契約によって利用できる仕組みが生まれたのだから、その権利をフルに活用したい。それには、まず、情報の開示が前提になる。どこにどのようなサービスが存在するかを知らなければならない。しかし、市町村役場は「公平性」の名の下に住民が選択するに足るだけの情報を提供していないのが現実である。医療に関しては規制緩和されたため、広告活動も可能になり、マスコミ等でも「いい病院」の紹介等自由にできているが、介護サービスでは一部の大企業が宣伝をしているに過ぎない。この点において「つなぐ」の活動は先駆的といえる。千葉県でもこの活動が知られ、他の町村でも類似の情報誌が作られるきっかけとなったとのことだった。

（2）介護保険制度のすき間をうめる活動の意義

社会には、さまざまな境界線が存在し、各種制度には境界をうめ切れない狭間が存在する。たとえば、難病の医療費助成を例にとろう。厚生労働省が一九七二年に難病対策要項のなかで難病対策として「特定疾患」に指定したものは二〇〇二年には四五種類となった。この特定疾患と指定された疾患については、調査研究の対象とされ、治療法の研究も推進されているため医療費が助成されている。しかし、この指定を受けない疾患の場合、患者自身は多くの困難な症状を抱えているにもかかわらず、なんら特別な制度は適応されないのである。これは介護保険においても然りである。わが国では要介護認定が行われ、「自立」と判断されれば、介護サービスは受けられないことになる。また「要支援」と判断されれば介護施設サービスは受けられない。また、第一号被保険者・第二号被保険者といった年齢による制限が課せられ、第二号被保険者は適応疾患も限定されている。これに対し、介護保険先進国であるオランダでは要介護認定はない。年齢・疾患名に関係なく、介護サービスを受けたいと思えば誰でも十分に話しあった上でニーズが判断され、サービスを受けることができる。介護サービスの具体的提供内容においても制度の「すき間」は多い。たとえば、ホームヘルプサービスにあっては、要介護者本人のための洗濯はするが家族のものはできない、家のなかの掃除はしてくれるが庭の草取りはしてくれないし、犬の散歩も適応外である、介護タクシーにしても玄関までは連れてきてくれるが、そこからベッドまでは介助に含まれない場合が多い。このように介護保険制度も生活の一部を限定して担うに過ぎない制度である。

障害者や高齢者など要介護者の場合、自分のできることが「点」で存在しているが、生活はさまざまな行動の連続で成り立っている。だから、自分でできる「点」と「点」をつなぐ行為、つまり点の間に介在して助ける「介助」が必要とされるのである。高齢者や障害者の生活障害を支援する制度である介護保険に制度上のすき間があるのだから、制度と制度のすき間をうめる活動が必要不可欠である。そしてその働きに適しているのが女性ではないだろうか。生活の実践者である女性だからこそ、足元の生活に細かな気配りをしながらすき間を埋めるという活動には、力強さを発揮できるのである。それは、本章の「つなぐ」を編集した女性たちが「高齢者問題研究ユーユー」のボランティア活動、「助け合い　はとぽっぽ」「ボランティア介助グループ　あいあい」を作った地域の地道な活動から編集委員会を立ち上げ、生活を成り立たせ、充実させるための活動へと発展した過程からもわかるとおりである。

第4節■今後の展望と課題

(1) 介護サービスの効果を明確にしていくこと

そもそも、近代医学が発達する以前は、自宅で療養するのが一般的であった。女性が仕事をもつことはきわめて稀であった時代には、「介護は女性の仕事」というのが社会通念であった。しかしその後、近代医学の発展とともに、医療施設が急増し、看護の専門職が増加し、医療の大部分は医療施設で行われるようになり、診療の施設化は加速度的に進行した。さらに、一九六〇年代からの好景気を背景にした老人医療費無料化政策によって、医療費の高騰を迎えるに至ったのである。こうして増大した医療費抑制を背景に生まれた介護保険制度は、高齢者の在宅ケアを促進するための制度となった。「介護は美徳」発言が聞かれるなど、介護を再び女性に担わせる制度でもあった。しかし、すでに女性の社会進出は進行しており、もはや家庭で介護を担うものは少なくなり、女性の介護機能は減少していた。同時に、多世代家族は減少し、核家族化からさらに単身家族傾向が進行しつつあり、介護は社会全体で担う必然性が生じてきた。また、同時に人口の高齢化は介護者の高齢化をも招き、「高齢者が高齢者を介護する」老老介護も、夫婦間のみならず、高齢の親を高齢の子どもが介護する縦の老老介護の時代になってきた。厚生労働省の調査(2)から介護者の実態をみると、介護者は同居家族が七九・三%、女性が七二・二%を占め、六〇歳以上の高齢者が四六・五%、さらに八〇歳以上のものが五・八%を占めていた。介護期間をみると、五年以上のものが三四・九%を占め、一〇年以上のものが一九・五%も存在している。またこれらの介護者の健康意識は、「あまりよくない」「よくない」を合わせて二七・八％を占めていた。介護は重労働である。介護する者もされる者も次第に高齢化し、有疾患者が増加していくなかで、もはや、ひとりの介護者だけでは何年もの間介護を継続していくことは困難である。家族だけでは担いきれない時代になった。介護を、女性を中心とした家族の責任に任せるのでなく、社会サービスを利用して、社会全体で支えていくことが必要である。

しかし、介護の社会化が促進されてきているとはいえ、まだまだサービス利用に躊躇している人は多い。その原因のひとつは世間体を気にして女性がひとりで介護を担っている。また、まだ制度が知られていない現実や、どのように利用してよいかわからないもの、さらに、制度利用による効果が知られていないことにもあると考える。これらの課題に対して、サービス利用の効果判定を明確にして社会に提示するための研究を蓄積していくことが、われわれ専門職の責任である。また住民として、サービスを利用したことのある者は、利用による効果を身近な人びとに知らせることによって、利用に対する抵抗感を減少させることも必要であろう。また住民同士・女性同士の情報交換の場をもつことや、介護者家族の会を開くなど、介護者を心理・社会的に支援していく組織も重要である。筆者は浦安市において介護者家族の会を立ち上げて五年になるが、会員の手作りのお菓子や漬物を食べながら家族や身内にはいえない苦労を仲間同士で語り合い、涙を流し、互いに介護経験と知恵を分かち合うことによって、来た時とは違い笑顔で帰っていくのである。それがまた明日への力になっている。

（2）介護サービスの質の確保――地域住民の力で

介護保険はさまざまな問題を含んでいるだけに、社会へ及ぼした影響は大きく、国民的関心をもたれた。そのひとつに住民活動を促進した点があることは第1節で記したとおりである。学識経験者や評論家がさまざまな批判をしているが、住民は批判をするだけでは生活できない。そこで、「自分たちの使える制度」にしていこうとする活動が各地で展開されている。これを栃本一三郎は「福祉の市民化」(3)といっている。また、篠崎次男も「介護保険は、欠陥だらけの制度であるがゆえに、それをよくしていく運動の課題が山積していた。運動は持続せざるを得なかった」(4)と述べ、「介護保険をよくする会」「老後を考える会」など介護問題を学習するさまざまなサークルや活動を紹介している。

これから住民に期待される活動は、介護サービスの質の評価にかかわることである。少しずつではあるが介護サービスの量は充足されつつあるので、これからは「どうやって質を確保するか」が最重要な課題である。そこで、私たちは利用者として利用者の立場からサービスを評価し、問題があれば積極的に施設や提供事業者あるいは社会に対して発信していく必要がある。生活に根差した女性の視点でサービスの質を評価し、社会に向けて発言していくことが、サービスの質の向上につながるであろう。サービスの質の向上なくして、安心した生活は保証されない。「つなぐ」の編集委員の女性たちも、それぞれが住民として活動していくなかでできたネットワークによって成立した集団であった。それはたんに「女性だから」とか「主婦だから」ではなく、住民としての立場、母親としての立場など自分の生き方の延長線上での活動やライフワークの一環としての活動であった。あるものは親の介護問題からの出発であったり、あるものは家族の介護問題からであったり、また、自分の身近な町の人とのネットワークを根底に据えながら、力強くかつ自然体で活動している姿は、大変魅力的であった。ことに、障害者の娘を抱えるYさんは、自分のことで精一杯であろうにもかかわらず、さらに社会的活動の幅を広げている姿は感服以外のなにものでもない。社会活動は、有り余るエネルギーのはけどころや、「施し」ではなく、自らの生活上のニーズから生じて、他者への思いに至り、自分の体験から他者の役に立とうとする意思からの活動である。自分の生活から出発した地に足のついた活動であるからこそ、長く続き、社会に歓迎される活動に発展するのだと感じさせられた。

介護保険はさまざまな矛盾をはらんだ制度であることは否めないが、だからこそ自分たちにとって、本当に役立つ制度に成長させていく原動力は住民の力である。

注

（1）松山洋子『介護保険制度下におけるサービスの選択と利用者の人権尊重の現状と課題』科学研究費補助金　基盤研究（C）（2）研究成果報告書、二〇〇三年

（2）厚生労働省大臣官房統計情報部編『平成一二年　介護サービス世帯調査』財団法人　厚生総計協会、一二～一四頁

（3）栃本市三郎『介護保険　福祉の市民化』家の光協会、一九九八年、六〇二～六〇頁

（4）篠崎次男『介護保険と住民運動』新日本出版社、二〇〇〇年、一七～二六頁

第5章

ひとりで子どもを産む現実と向きあって

出産は生命をかける人生の大きな危機であり、子育ては次世代に人類をつないでゆく崇高な役割をもっている。しかし、実際には、少ない選択肢、決定するのに与えられない余裕のなかで、自己責任だけが厳しく問われる現実がある。この章では、この日本において出産・子育てする女性に降りかかる生活上の現実的な問題や困難をもっともストレートに体験していると考えられる、シングルマザーの事例をとおして、女性が子どもを産み育てる過程に普遍的に存在する「人とのつながり」や「支えあう」ことの意味を読者とともに考えていきたい。

第1節■命の尊厳を実感する日々

(1) 出産直後の産婦さんの表情が好き

この章では、女性が子どもをひとりで産み育てている、すなわち、一般的にシングルマザーといわれる女性を取り上げている。しかし、そのことの是非や、倫理観、あるいは価値観をうんぬんするものではないことを最初に断っておかなくてはならない。

筆者は、助産師である。現在は、後輩となる助産師の育成を生業としているが、いつも、自分の職業的アイデンティティは教師よりもはるかに〝助産師〟にあると思っている。そして、助産師は何よりも、母と子の味方であることがこの職業を職業足らしめる本質であると信じている。

助産師になって、もう三〇年を超えてしまった。この間に、何人の女性の妊娠・出産に立ち合わせてもらったことだろう。私はとくに、陣痛の苦しさに耐え頑張った、出産直後の産婦さんの表情が好きでたまらない。未来の助産師を育成している現在も、学生の実習中は、何かと口実を設けて、陣痛室や分娩室に出入りさせてもらい、産婦さんと一緒に呼吸法やマッサージをしながら陣痛を共有している。ひとりの人間が、その一生のなかで、何度も体験できない〝誕生〟と〝死〟。そして、その場に居させてもらえる職業につけたことの幸せと緊張感、そのたびごとに感じる生命の尊厳。共有させてもらえる開放感、達成感……。

これだけ医療が発達し、妊産婦管理が徹底しているといわれるわが国でも、年間一〇〇人弱の女性が妊娠出産を直接原因として亡くなっている(一九九八年は八六人、二〇〇〇年は七八名)。おそらく妊娠した女性が、その出産までの過程のなかで、自分や胎児の健康を思いつつも、ときに不安のなかで、〝死〟を思い浮かべたこともあったかもしれないことを思うと、出産後の彼女たちの表情には特別の輝きがあるのを感じる。だから、この表情のままで、いま、産み出した新しい命を育んでいって欲しいと願うのである。そして母の手に自分の命のすべてをゆだねているこの子が、精一杯生き、沢山の幸せを、当たり前に受け取りながら大人になっていって欲しいといつも考える。

(2)「お母さん」を大切にしたい

育児は出産した女性だけが行うことではない。パートナーはもちろん、実父母や義父母あるいは兄弟姉妹、それに保育園の先生や近所のおじさんおばさんたちが、有形無形に育児に参加し、影響を与えてくれることで子どもは育つ。しかし、「育児は育自」といわれるように、出産した女性や育児に参加した人たちもまた、なんらかの影響を受け育っていくのではないだろうか。そう! 私たち助産師も、支援という形で出会ったとしても、その関わりのなかで育てられていく職業なのである。だからこそ「子ども」を中心に考えてゆきたい。そのためには何よりも、子どもの一番の味方であって欲しい「お母さん」を大切にケアしたい。助産師としてその思いを言葉にかえてゆきたいと思っている。そのことが今回の執筆への動機であり、目的である。

ではなぜ、未婚のまま出産し母子で生活するシングルマザーを対象にしたのか。その理由は、助産師の視点でみたとき、少なくともこの日本では、子育てする母親に降りかかる生活上の現実的な問題や、困難の多くをシングルマザーである彼女たちが、もっともストレートに体験していると考えるからである。

実際、筆者らの調査（女子大生が考える結婚・出産・不妊）でも、問い直される夫婦関係、男女関係など、価値の多様化が日常的に語られる今日、その渦中にもっとも近いと考えられる女子大学生一二七名のうち、八五％は「結婚して子どもを産みたい」と答えており、「結婚に関係なく子どもが欲しい」は一％以下であった。このように、個人の生活上の規範意識や、価値観そのものが変わってゆく速度はとてもゆっくりで、婚姻届を重視し、出産は婚姻届を前提とするこの国の中軸をなす意識は〝夫婦があって子どもが産まれる〟ことにあるといっても過言ではない。このようななかで、シングルマザーとして子どもを育て、生活している女性たちの現実に焦点を当てながら、すべての女性が〝子どもを産み育てる〟過程に普遍的に存在する「人とのつながり」や「人が人を育てる」ことの意味を考えてゆきたい。

第2節■「自己選択」「自己決定」「自己責任」の現実

(1) その人らしい生活の積み上げの背景

現在の日本は、自己選択・自己決定そして自己責任の社会であるという。個人が自立して生活してゆくことは当然のこと。自立できてはじめて、他者との関係性を対等に維持できるし、自己の存在も確認できることは多くの人が知っている。しかし、いざ！という決断のときに、選択肢はあるのか、決定するための十分な情報があるのかと問われれば、「ある」といいきれる人は多くないに違いない。

私たちは、実はとっても少ない情報のなかで選択をし、十分に吟味するには少なすぎる時間のなかで決定し、危うい手だての元に、かろうじてバランスを崩さない程度の生活をしているのではないか。もっとも、だからこそ、それぞれ個性的な人生があり、その人らしい歴史が積み上げられていくように思う。以下、〝ひとりで産む〟ことを選択をし、生活背景は決して楽ではないが、子どもとともに前向きに生きている、AさんとBさんを紹介したい。

(2) ひとりで産むことを選んだAさんの場合

① 彼にはやっぱり話せなかった

Aさんの父親は、実直なサラリーマン、母親は、専業主婦で、どこにでもある普通の家庭に育った。しかし、Aさんが中学生の時、当時大学に入ったばかりの長姉が精神疾患で入院した。そのことがきっかけで、父親が転勤を希望したため、今まで生活していた土地を離れ、中学生だったAさんは転校した。

Aさんは、高校卒業後、看護専門学校へ入学し、家族と離れて寮生活をした。「姉の病気を理解したい」という気持ちをもっての看護への道だったが、看護学生時代の精神科実習は彼女の気持ちを頑なにしてしまった。姉と同様の病名患者さんの現実の入院生活に触れることで、たまらない絶望感に襲われたのだという。Aさんは、姉の病院へは一度も訪ねたことがない。父母も、日常の生活のなかで、姉や病院のことに触れたことは一度もなかった。というより、家族皆が触れることを恐れた。

大学を卒業した次姉が、恋愛し、結婚する予定でいた相手の両親から、長姉の病気を理由に強硬に反対され、結局、破談になった。その時父親が、「この家の血はここで絶やそう」と話したことが忘れられない。父親の話を許せないと憤ったが、結局、Aさんも何度か恋愛をしたが、ずっと独身でいようと思った。

ところが三五歳の時、研修で知り合った男性と恋愛関係になった。その後、体調が悪くなり、風邪が長引いていたこともあって、抗生物質の服用を続けていたさなかに妊娠がわかった。「彼にはやっぱり話せなかった。でも、私の胎内に私の子どもがいるってすごいと思った。私は看護師なんだから死なしちゃいけないって思った。でも無造作に抗生物質を服用していたから奇形があるかもしれない。もしそんな子を産んだら、と思ったら彼にはとてもいい出せなかった」という。彼とは別れた。その直後に、退職、そして、院内保育所がある病院に妊娠を隠して就職した。

② 母が息子をおんぶして

新しい職場の婦長に「妊娠しているんじゃない?」と声をかけられ、不思議と素直に「結婚はできないけど子どもを産みたいんです」と話すことができた。婦長は、「ひとりで育てるのは覚悟がいるけど、できないことはないわよ」といったきり、それ以上は何も聞こうとしなかった。その時の〝ほっ〟とした気持ちが、今でも支えになっているという。とにかく、ひとりでは不安なので、現在も独身でいる次姉に連絡を取り、二人で相談して、両親には内緒で出産することにした。次姉が「良かったね! 看護師になったから勇気をもてたんだね」と話し、涙ぐんだのをみて、〝自分はもしかしてとても残酷なことを姉にしているのではないか〟との気持ちがよぎったが、それよりも、これで自分の生きる道ができたような不思議な高ぶりを抑えることができなかった。産休に入り、出産。

産休明けから、職場の保育所に預けて仕事に復帰した。昼休みには、授乳のため、子どものところにいけるので、ほとんど母乳で育てることができた。子どもが八ヵ月の時、保育所で流行っていた風邪をもらい熱が下がらない。職場は人手不足で休むこともできず、育児を次姉に頼っていたが、次姉にも仕事がある。とても申し訳ない思いをしつつ、甘えさせてもらっていた。ある日、アパートに帰ったら、次姉ではなく母が息子をおんぶしながら台所で、夕食の支度をしてくれていた。

端午の節句には、立派な鯉のぼりと、金太郎の人形が母の名前で贈られてきた。息子の写真を沢山とってお礼の手紙と一緒に送った。とくに、何の返事もない。でも、Aさんは、〝お父さんの気持ち〟を感じたという。母は、何かしら理由をつけて、訪ねてきてくれる。子どももとてもなついて甘えている。父は何もいわないらしいが、父が電話口に出たら……と思うとやはりまだ自分から電話はできない。入院中の長姉のところに毎月のように母が面会に通っていることも最近になって初めて知った。「産んでよかった。この子が、私たち家族に、楽しみだとか夢みたいなものを与えてくれる。そのうちお父さんも会いにきてくれそうな気がする」。自分で選んだ人生に責任をもって生活しているAさんの表情は、とても柔らかで、妊娠中に出会った時とはまったく違っていた。現在も、Aさんは、息子と二人で生活している。

(3)〝私の家族が欲しい〟と考えたBさんの場合

① やっぱり、ひとりで生きるしかない

Bさんは、五歳まで母親と一緒に生活していた。五歳の夏、母親が突然入院し、そしてすぐ亡くな

った。その後、養護施設で生活するようになった。中学を卒業する少し前、近県で暮らしている伯母が迎えにきた。今まで、親類がいるなんて知らなかったが、はじめてあった時、〝お母さんに似ている〟と思ってとても嬉しかった。

伯母の家族と同居し、工場に勤務しながら定時制高校に通うことになった。食卓テーブルの木製のいすは四脚。Bさんはパイプの円いす。ある朝、伯母夫婦と自分だけの食事だったので、何気なく木製のいすに座ったら「お前のいすじゃないだろう」と伯父にいわれた。いままでは、食事のマナーや、生活の小さなことをいわれるのは、自分を家庭生活に慣れさせてくれるためだと思っていたが、違うんじゃないかと思いはじめた。その後も、何かにつけて、伯父に怒鳴られたり、殴られたりする。「どこの馬の骨かわからないくせにふてくされた態度は何だ!」とよくいわれたが、その時は怖いだけで言葉の意味はわからなかった。定時制の先生に相談したが、「がまんしても高校は卒業したほうがいい」と説得された。そこで、伯母夫婦から逃れるには、この土地を離れなくてはいけないと考え卒業を待たず、同情してくれた友人と一緒に都会に出た。

② 私にも家族が欲しい

一七歳だったが二〇歳ということにして友人と一緒にキャバレーに勤めた。しばらくして店長と個人的に付き合うようになった。半年ほど経って、妊娠した。店長と結婚できるかもしれないと思った。でも、店長に「産みたい」と話したら、鼻であしらわれた。「戸籍もろくにない女が」といわれたので、伯母のところにある戸籍を現在住んでいる所に移した。移すために、伯母に一〇〇万円払った。そのとき初めて、Bさんの母親はデパートに勤めていたときの上司と恋愛してBさんを未婚のまま出産し、両親に勘当されたことを知った。「家の恥さらしで、死んだと聞いたときはほっとした」と伯母がいった。一〇〇万円はサラ金からの借金だったが、伯母に手切れ金を渡したような気がした。結局、店長はBさんに「やくざがらみの借金に追われている」といって、三〇〇万円出させ、行方不明になった。とても好きだったので、今でもだまされたとは思いたくない。人工妊娠中絶を選ぶ方法もあったけれど、〝ひとりで産もう！　きっとお母さんが助けてくれる〟、そう決めた。

③　私の大事な家族だよ！　ほら！

マンションの家賃の滞納とサラ金の借金が残っていたので、出産ぎりぎりまで店に出た。友人に「福祉に相談にいこう」と誘われ、役所を訪ね、婦人保護施設に入所して二五〇〇グラムちょっとの女の子を出産、その後、母子寮に移った。クーラーも冷蔵庫もない部屋で、生まれて五〇数日の子どもと二人だけ。それでも本当に気持ちがのんびりした。福祉の先生が、借金のことやマンションのことに対応してくれて、電話や電報に恐れなくともよいだけでも幸せな気がした。

子どもを抱いて町に出たとき、神社でお祭りをやっていた。〝お母さんにヨーヨーを買ってもらった〟ことをふっと思い出し、屋台を覗いて歩いていたとき、「あんたそんな小さな子を抱いているのに髪の毛がそんな長くちゃだめだよ」と屋台のおばさんに声をかけられた。「美容院代節約しているの」と答えると「そんじゃちゃんと縛りなさい」という。なんだかとっても感じが良かった。

Bさんはこのときの出会いがきっかけで、定職とはいえないが、現在、屋台の手伝いをしている。お風呂もない一間だけのアパートだが、母子寮を出て、生活をはじめた。仕事の日は、おばさんの友達のおばあちゃんが娘をみてくれる。「この子は本当にいい子だ。器量よしだ」と可愛がってくれる。

お金は欲しいけど、もう夜の仕事には戻りたくない。

〝朝起きて、夜寝るのが人間様の証〟というおばあちゃんのいうことはきっと正しいと思う。普通の生活をしたい。「実は高卒の資格をとっておけばよかったって、今、後悔している」と話し、「私の大事な家族だよ！　ほら！」、そういって娘を抱き上げた。

(4) AさんとBさんの日常生活

AさんとBさんは、それぞれ生活の選択の仕方も違うし、おそらくは、出産を決めたときの思いも違っているだろうと思う。しかし現在、子どもと二人で、AさんはAさんらしく、BさんはBさんらしく、日々の生活を送っている。

① Aさんの、努力の結果

Aさんは看護師であり病院の正職員として固定した収入がある。このことは、雇用や経済的に不安定に陥りやすいひとり親世帯としては安定していると考えられる。しかし、実際には、子どもの病気などの突発的な出来事のときは、母や姉の応援や、婦長をはじめ、職場の人たちの理解がなければむずかしいという。税金の減免や児童手当など、生活に直結する制度の活用には、病院の医療ソーシャルワーカーや、事務職員が細やかに相談に乗ってくれているし、子どもの生活については院内保育所の保育士さんが何かと気遣ってくれる。〝そんないい環境はどこ？〟と聞きたくなるだろうが、特別な条件のところだとは思えない。筆者は、Aさんが看護師として十数年のキャリアで、職場になくてはならない人であること、Aさん自身が気軽に応援してもらえる日常の人間関係を作っていることが大きいと考えている。すなわち、彼女自身の努力の結果ではないのかと推測している。実際、職場の忘年会などの行事に同伴するAさんの息子はいつも皆の人気者！「労働条件は今まで勤めてきた病院のなかで、一番良くないんだけど」とAさんが笑いながら話すことからも、彼女の日常がみえてくるような気がするのだ。

②「ままごと」を認めてくれる周囲の人たち

Bさんには最初に相談にいった役所の〃福祉の先生〃が、現在も担当として生活保護の申請のサポートや、アパート代、子どもの保育園や病院探しまで、何かあると相談に乗ってくれている。もちろん、おばさんやおばあちゃんには、味噌汁の作り方どころか、食材の買い方や、残った野菜の活用法、洗濯物のたたみ方まで、「これじゃままごとだ！」なんていわれながら教えてもらっている。だから、アパートで生活するようになってからは、支給される生活保護費を割り振りして使えるようになってきたし、近所のスーパーに行って安売り品を探すのも上手になってきた。最初はおでんの大根を切るのもどうしてよいかわからなかったけど、この頃では、たいていの材料は、やり直しをされることなく準備できるようになった。まだタレ作りは「ダメ、ダメ」って払いのけられてしまうけれど。自分が「ここに居てもじゃまじゃない」のが本当に嬉しいと話す、若いBさんは槿《むくげ》の花のように笑顔がかわいい。きっとその笑顔に周囲の人たちはやさしい気持ちになり、彼女の〃ままごと〃のような日常生活の営み方にも寛容になってくれているに違いない。

第3節■子育て支援社会の構築――エンゼルプラン・新エンゼルプラン

（1）妊娠した人すべてに共通する課題

①　変化に即応した生活に

ここまで、シングルマザーを選択したAさん・Bさんの事例を通して、実際の生活状況を垣間みてきた。現実の生活は、どんどん変化している。女性の高学歴化が進み、社会的に進出してゆくなかで、積極的に、非婚・未婚を選択する人も増えてきている。そんななか、結婚はしないが子どもは欲しい、出産・子育てを体験したいと考える女性がいても不思議ではないだろう。反面、日常生活を家族や社会に依存し、心理社会的に未成熟なままであっても健康な身体は、発達に即応して性行動が活発化する。それが良いとか悪いとかの議論はさておいて、現実、未婚で妊娠するケースは年々増えている。気づいた時には人工妊娠中絶ができないほどに胎児が成長していたり、どうしようと考えているうちに陣痛がきたというケースもある。もちろん、Bさんのように、子どもができたら結婚できると思ったが、そうではなかったというケースもある。

しかし、〝ひとりで産もう〟と決めてから、〝警察署にいくみたいにドキドキした〟けれど、友人と福祉課に相談にいったことで、「福祉の先生」に出会った。またAさんは、職場を変えるにも院内保育施設があるところを探したりと、周到に準備をしてきた。このように、積極的に「シングルマザー」を選択する人も、結果として「シングルマザー」になった人も、妊娠中の課題の達成や出産・育児上での変化に即応した生活にになってゆかざるを得ない。しかし、この点は、Aさん・Bさんに限らず妊娠した女性すべてにいえることでもある。

② 妊婦はとても忙しい

実際に、定期的な受診・母子手帳の交付や、母親学級への参加などで、妊娠中に有給休暇を消化してしまうほどの日数になる。さらに、体調の変化などで、どうしても、職場の人たちの理解や厚意に頼らざるを得ないことが出てくる。これは、仕事をもっている女性なら誰でもが体験する現実である。しかし、私たちはそのことを他人事の時は忘れている。いや、気づいていないのではないか。それとも気づいていても、本人がとくに何も話さないから、〝聞かない〟ということなのか。母と子の味方であるはずの助産師にも見ざる、聞かざる、言わざる人がいるということだ。現在、助産師のほとんどは医療機関で働いている。外来勤務・分娩室勤務・新生児室勤務というように分業のなかでの昼夜交代勤務者が助産師全体の八四・八％（二〇〇〇年現在、日本の就業助産師数は二万四五一一人）をしめている。そのため、妊娠出産で、出会った女性をトータルに把握するには、機能的充実をはかるべくシステムの構築が必要である。

③ 妊娠中の不安はつきない

上記のように、妊娠中の女性のもつ課題や妊産婦としてのやるべきことは多い。そして、出産までの四〇週という期間は、想像するよりはるかに短い。その間、みえない胎児への慈しみとともに、不安も消えない。小さな環境の変化や、身体の変化にも敏感となり、「死」や「不育」を想像してしまいがちである。その上、不安や、不安定さがさらに緊張を強める。ましてやシングルの場合、ひとりで産もうと覚悟を決めた以上、誰にも頼れない、甘えてはいけないという気持ちは強くなってゆく。

しかし、こうした精神のブレはシングルであろうが、パートナーがいようが、仕事をもっているとか、専業主婦であるとかにかかわらず妊婦なら誰にでも十分おこり得ることである。そのことをきちんと理解し、向き合うことがない専門職者の対応がさらに不安や、不信感に拍車をかける要因にもなり得る。表面的な理解や、納得は、結局、理解していることにも信頼関係を築くことにもならない。それぞれの場面で出会った専門家がみて、健康上、あるいは生活上問題がないと判断した人は、〝問題ない〟のか？　本当に？。

(2) わが国の子育て支援策

① エンゼルプラン・新エンゼルプランの策定

図5-1をみていただきたい。これは子育て支援社会の構築として平成六年に策定されたエンゼルプランである。このエンゼルプランでは、①安心して出産や育児ができる環境を整える、②家庭における子育てを基本とした「子育て支援社会」を構築する、③子どもの利益が最大限尊重されるよう配慮することを基本的視点としている。さらに、平成一一年には、新エンゼルプランにより進行がやまない少子化の対策として、従来のエンゼルプランに加え、相談・支援体制・母子保健・教育・住宅など、総合化した実施計画を提示した。もちろん結婚や出産は当事者の自由な選択に委ねられるべきものであることや、男女共同参画社会の形成を目指すこと、社会全体の取り組みとして、子育て家庭を支援するシステムの構築を前提として、である。

また、平成九年には、戦後まもなく制定されてから、基本的な見直しがなされていなかった児童福

図 5—1　エンゼルプランの位置づけ

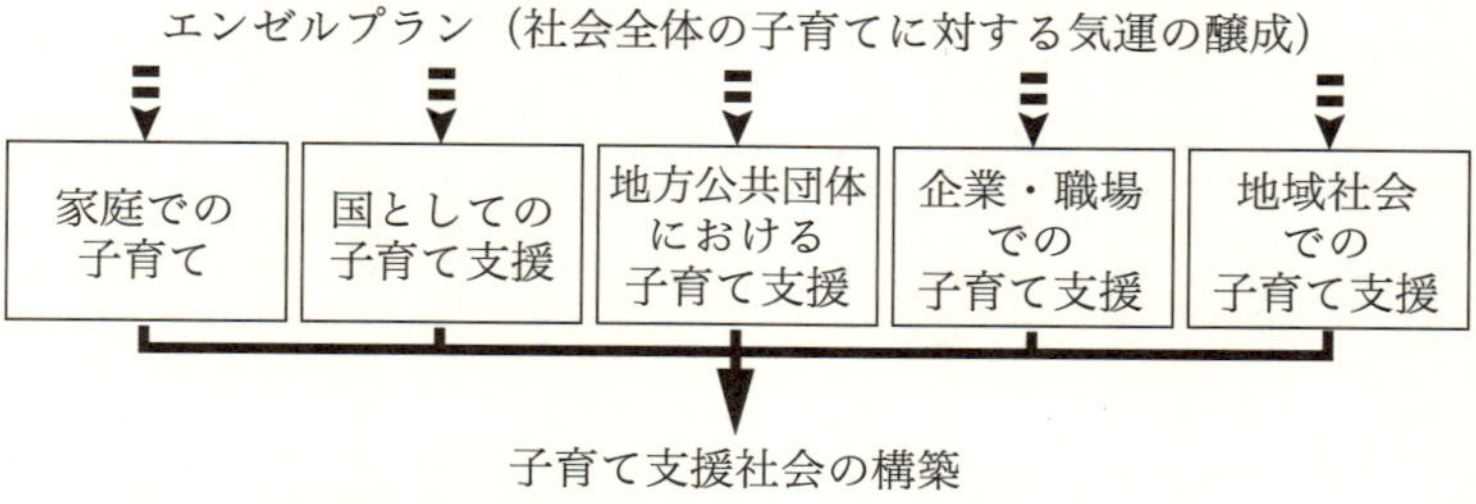

出所）（財）厚生統計協会『国民福祉の動向』2002 年、p.109

図 5—2　年齢別の児童家庭福祉施策の一覧

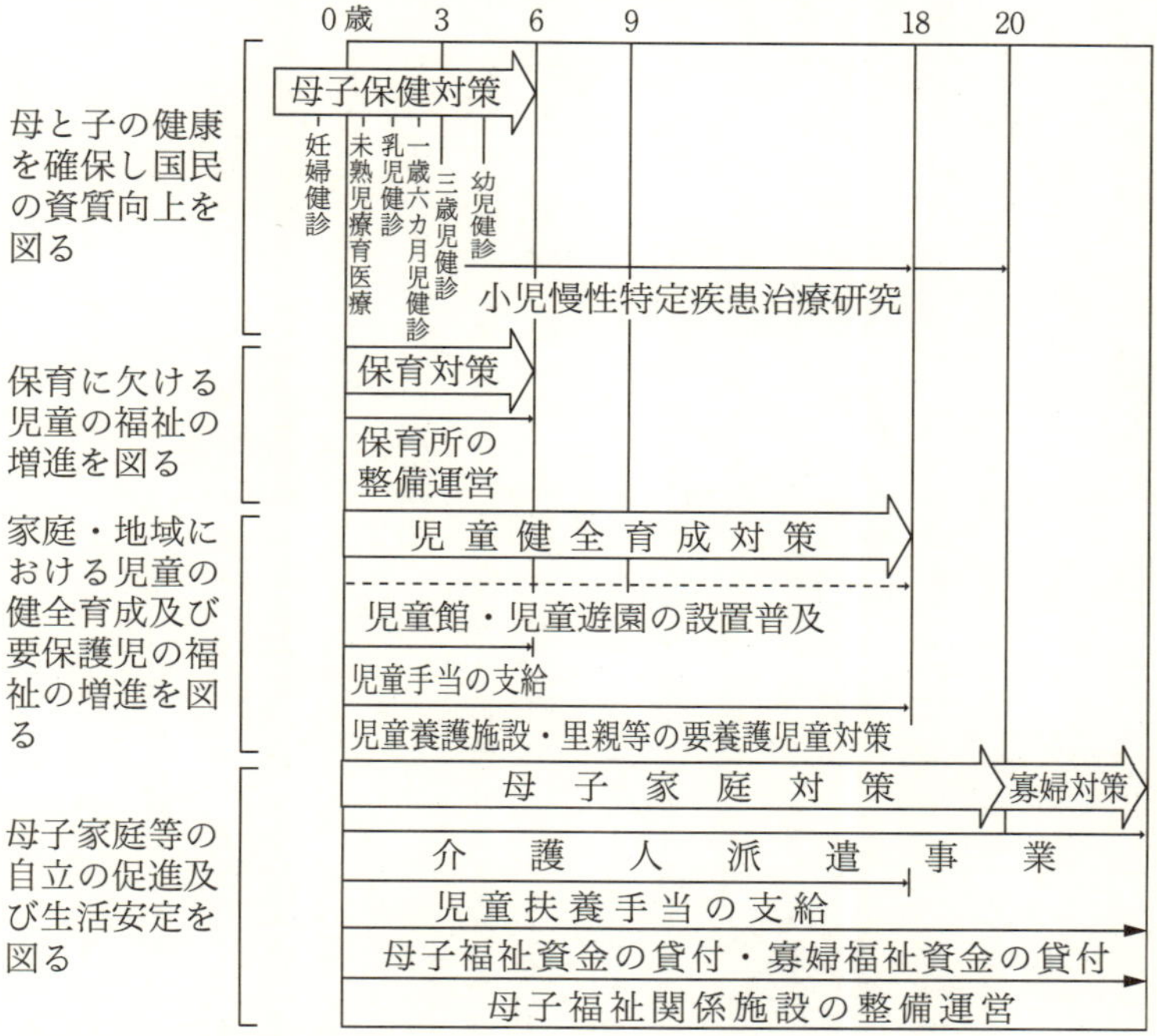

出所）（財）厚生統計協会『国民福祉の動向』2002 年，p.107

祉法が改正されている（図5−2年齢別の児童家庭福祉施策の一覧）。これは、保育施策の見直し・児童自立支援施策・母子家庭施策の充実を内容としている。これらは即ち、わが国の政府自身が、少子化対策の視点から、多様な価値観、国民の自立性に基づく生活の仕方のありようの現実を認知した結果といえるのではないだろうか。実際には、掛け声だけで予算の裏づけが脆弱であったり、策定はしたが、ほとんど実施されているとはいいがたい部分もある。何よりも利用者である私たちへのＰＲが不十分で、支援が必要な人に届きにくい現実があるのは事実である。

②「健やか親子21」——二一世紀初頭における母子保健の国民運動計画

平成一二年には、「思春期の保健対策の強化と、健康教育の推進」「妊娠出産に関する安全性と快適さの確保と不妊への支援」「小児保健医療水準の維持・向上させるための環境整備」「子どもの心の安らかな発達の促進と育児不安の軽減」と、二一世紀の母子保健の取り組みの方向性として「健やか親子21」が策定された（図5−3「健やか親子21」）。しかし、その内容は、エンゼルプラン・新エンゼルプランと本質的に変化しているとは思えない。すなわち、少子化対策として、いろいろな切り口から枠組みや計画が策定されるが、その実態は、その策定の評価が出るほど具体化され、実施されることもなく次つぎと新しい題目が提示されてくるとの批判も多いものなのだ。そうはいっても、地域の、役所、保育園、学校、病院ととくに公的な機関は少しずつだが取り組みがなされてきている。つい最近まで、事故や事件がおきなければ不介入を決めていた警察、自分のところの園児の相談だけに対応していた保育園、利用者は自分で探して必要な窓口に出向いていた役所、これらが、とにもかくにも〝まず話だけでも聞こう〟〝必要な情報は提供しなくてはいけない〟というように変化してきている。

図 5—3 「健やか親子 21」

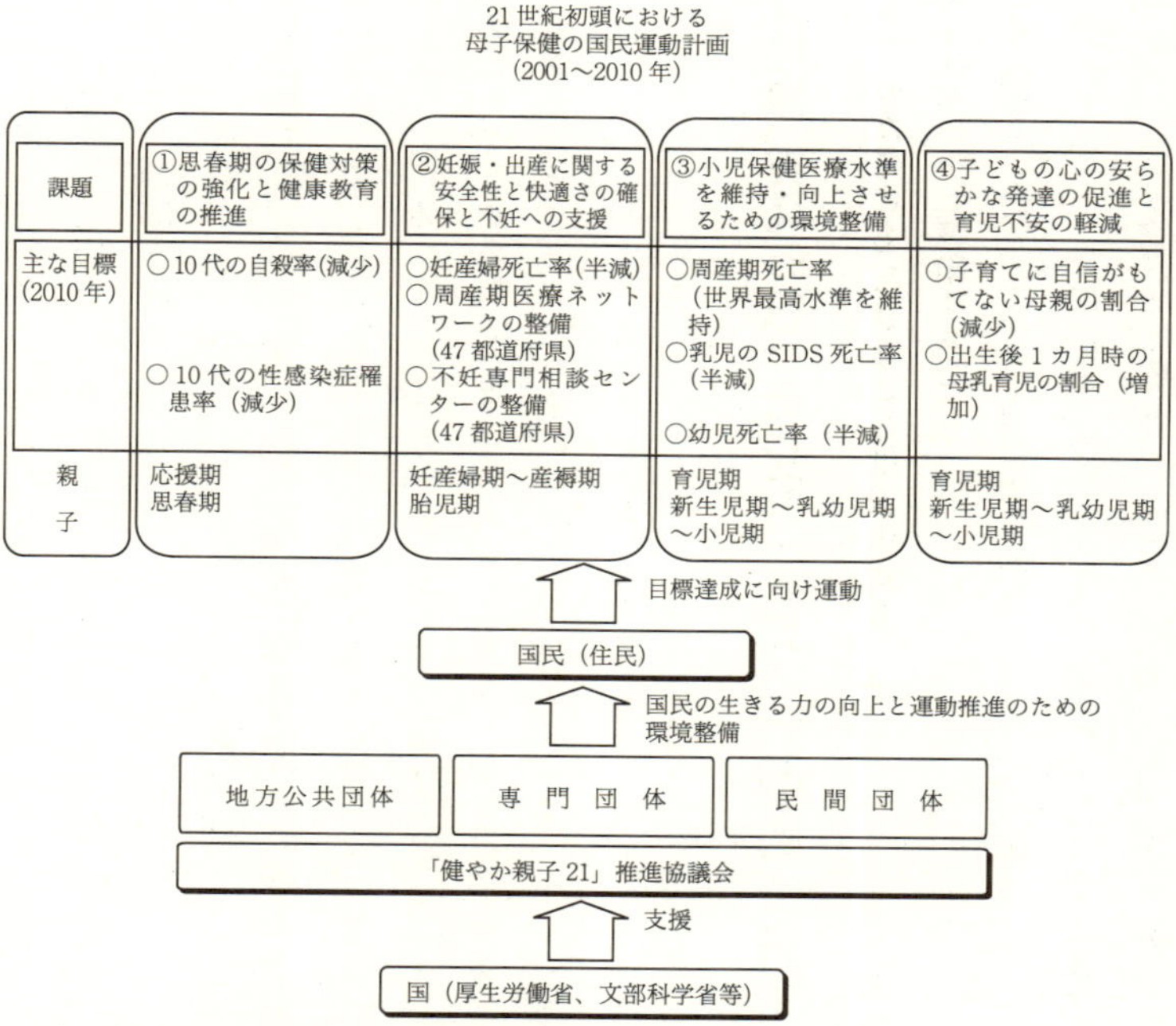

出所）（財）厚生統計協会『国民衛生の動向』2003 年、p.98

役所や、出張所に「なんでも相談室」「よろず相談所」などの案内が目立つようになってきた。これもその現われだと考えている。

③ まず声を出そう

筆者は、この傾向を、好意的にとらえている。たとえ、実際の中身は介護保険や、納税のことが窓口のねらいのほとんどであったとしても、相談者をそのままにはできないはずである。さらに具体的に支援してくれる場への入り口だと考えることもできよう。これらの情報をどこかでキャッチして、どんどん利用してゆくことが、結局は、エンゼルプラン・健やか親子21の策定を実効性のある中身へと変化させてゆくと考えている。現在のところ、前述したように利用者にPRが十分なされているとはいえない。本当に保護や、支援が必要な人には届かないことのほうが多い。

しかし、社会が、このような方策を出し、実現に向けて、地方自治体に具体化を要請している事実があることを知っていれば、〝まず役所に相談にいってみよう！〟もっと身近では、〝交番のおまわりさんに聞いてみよう！〟〝あそこの保育士さんに聞いてみよう！〟という風に、なっていくのではないかと思っている。これはすなわち、子どもの味方でありつづける〝お母さんが、地域社会に大切にされることでもある〟と考えるからだ。「まず、出かけてみよう」「まず、声を出そう」子どもを産みたいと考えたとき、当たり前に育てたいと思ったとき、子どもを抱いて立ち往生したとき……。でも本当は、とくに何もなくても声を掛け合えたらもっといいのにと思う。

第4節■「支えられ」そして「支える」関係づくり――助産師の役割

(1) 私たちにもできることは沢山ある

① ほんの少し意識することで

この執筆にあたって、担当編集者の渡辺さんが、「電車のなかや、バスのなかで小さな子どもをつれて乗っている女性に出会ったら、必ず、微笑みかけることにしている」と話してくださった。電車のなかで、ぐずる子どもを抱え、とても疲れているとき、やさしい微笑みに触れた母親は、それだけで緊張がほぐれ、疲れが軽減するであろう。あるいは日常の子育てのなかで、あれこれ漠然とした不安や自信のなさで、子育てしている最中の人であったとしたら、見知らぬ人の微笑みでも、なんだか今の自分を、支持してもらえているように思うだろう。そんなお母さんの表情をみることで、渡辺さん自身も、心暖かになるに違いないと思いとても感動した。非力ではあっても、私たちにできる日常の支援はたくさんあることを教えてもらったし、そのなかで、私たち自身が開放され、癒されることも多いことを実感した。そんなささやかな力の連鎖が社会の規範意識や、硬い枠組みをほんの少しずつ暮らしやすいように動かしていく大きな力になってゆくように思う。

② 草の根のネットワークで

ちなみに、私は助産師なので、「応召の義務」（保健師助産師看護師法第三九条）の気持ちがいつも頭にある。しかしできる範囲は限られている。妊産褥婦の健康診査、保健指導、助産、新生児の保健指導（同法第三条）、すなわち、健康の側面が主な切り口で、そのなかで遭遇する人たちの、多くの生活上の諸問題や課題の未達成は、ソーシャルワーカーや、その他の人たちに応援してもらいたい。だから、対人援助を生業とする多くの人たちと連携をもちたい。私たちは、そんなに準備万端で、確かな予測性のなかで人生を生きていることなんてないのではないかと思うと、事例のAさん、Bさん、が特別な存在であるとはどうしても思えないのである。それぞれが自分で選び、決め、その結果生じたことに自分で責任を取ることができたら結構なことである。しかし、できない状況が生じたとしても、少なくとも、多くのAさんBさん親子は、エンゼルプラン策定の基本視点や、健やか親子21の基本課題で打ち出されているように、普通に生きてゆくことはこの国では可能なはずである。

③ 子どものおかげ

女性が、ひとりで子どもを産み、育てるとき、殊のほか頑張らなくてはいけないと気負ってしまいがちである。それは、歯を食いしばらなくてはならないほどに、社会の矛盾を突きつけられるきびしい現実があるからであろう。筆者は、シングルマザーの女性たちと話し合うことがあるたびに、いつも一言付け加える。「〝お願いすること〟は相手に〝借り〟を作ることじゃない。あなたが〝お願い〟といってくれたから相手の方が、今まで、思っていても出せなかった手伝いの手を出すことができるのよ」と。人は、結構、臆病者なのだと思う。あれこれ余計なことを考えすぎて、思いや親切心があっても言葉や手が出ない。人は人によって支えられ、人を支えてこそ幸せといえるのではないだろうか。

また、私たちは、頑張らないと自分から行動を起こすことはなかなかできない。〝子どものおかげで、頑張れた自分がある〟子どもを育てた人は皆、自覚するしないにかかわらず、そんな体験をしているはずだ。〝子どものため〟ではなく〝子どものおかげ〟なのである。

断っておくが筆者は精神論者ではない。多くの母子と出会い、多様な育児方針とぶつかりながら、曲りなりにも母親である筆者は、わが子との思い出を省みたとき、あらためてそう思っている。気弱な私たちは、しかし、逆に「ありがとう」の言葉で、温かな気持ちになる。そして、「お互いさま」と思ったとき、心の底にひっそり住んでいるやさしさが、じわじわ広がってゆく。だから、勇気を出して、〝お願い〟の声を出そう。「支えてもらっている」ことは、ある面では、「支えている」ことでもあるのだから。

④　パートナーが、いようがいまいが

シングルマザーを自ら選択した人のなかには、自分がひとりで子どもを産むことを決め、そのためにどんな準備をしてきたかを明晰に話してくれる人が多かった。彼女たちは、強い覚悟がある分、警戒心もつい、強くなる傾向にあるように思った。〝もう少し力を抜いて〟そう思いながら聞くことがしばしばだった。

妊産婦や子育て中の母親がもつ不安や心配、生活上の不便や不満は共通している。胎児の健康や成長や分娩を乗り越えられるかどうか、また、自らの健康や将来の子育てについての不安など、抱えながら生活している。自信なんて誰もがもっていないのではないかと思える程に。

そもそも筆者は、子育ての「失敗の数」は親としての「幸せの数」だと考えるようにしている。もちろん分娩時の自分の不出来さも同様である。分娩時の自分をこんなはずじゃなかったという人はとても多い。筆者がそばについていて、むしろとても上手な産婦さんであったのに！「でも、とても幸せな体験だった」と続くのがほとんどだが、後で振り返ると、あれもこれも不十分だったと思えてしまうのだろう。

どだい、「私は子育てに成功した」と思える人より、「たくさん失敗したけど、子どもがよく育ってくれた」と、思っている人が多いのではないかと考えている。残念ながら、現在の日本では、男女共同参画、〝夫婦で子育て〟というのは厚生労働省が広告を出さなくてはならないほどにむずかしく数少ないのが現実である。たくさんの幸せもまた負担も含め、子どもとの思い出をもつのは圧倒的に母親が多い。それは、パートナーが、いようがいまいが関係のない事実である。

（2）おわりに

冒頭、出産は、生命をかける人生の大きな危機であり、次世代に人類をつないでゆく崇高な役割でもあると記したが、実際には沢山の問題を抱えたままである。右肩上がりの経済状況が終焉し、各個人の生活の内側に人々の視座が移動してきつつある。今日、少ない選択肢・自己決定には足りない情報量や余裕のなかで、自己責任だけは厳しく問われる現状に少なからず怒りと疑問を感じている。とくに、「子ども」は人類すべての未来を担ってくれる存在であることを「大人」は忘れてはいないと思うが、子どもは、その親に帰属する個人単位の問題として、親の責任性だけがますます強調されるように思えてならない。

私たちは、今あらためて、「人は人によって育てられ、育ちあってきた」ということの当たり前の事実を直面すべきときにきているのではないかと考える。

助産師である筆者は、女性が妊娠・出産というもっとも緊張と不安のなかで出会う専門家のひとりとして、女性が置かれている「今」を見過ごすことがないようにしたい。そのことを忘れないよう、今育ちつつある助産師の卵たちにしっかり伝えていきたいと考えている。

参考文献

（財）厚生統計協会『国民衛生の動向』第四七巻第九号、二〇〇〇年
（財）厚生統計協会『国民衛生の動向』第五〇巻第九号、二〇〇三年
（財）厚生統計協会『国民福祉の動向』第四七巻一二号、二〇〇〇年

（財）厚生統計協会『国民福祉の動向』第四九巻第一二号、二〇〇二年
婦人教育研究会編『統計にみる女性の現状』第六版、垣内出版、二〇〇〇年
斉藤学『「家族」という名の孤独』講談社、一九九七年
王瑞雲『少女はすぐに母になる』樹心社、二〇〇二年
大日向雅美『子育てと出会うとき』ＮＨＫブックス、二〇〇〇年
善積京子『婚外子の社会学』世界思想社、一九九三年
善積京子『結婚とパートナー関係』（シリーズ家族は今…一）ミネルヴァ書房、二〇〇〇年
斉藤茂太『「家庭力」を育てよう』大和書房、一九九七年
丸尾直美『日本型福祉社会』ＮＨＫブックス、一九九三年
岡村暢子・佐々木百合子他「未婚の母をとりまく家族関係」『日本助産学会誌』Vol. 15 No. 3、二〇〇二年
佐々木百合子「妊娠が契機のドメスティックバイオレンス」『福祉社会の最前線』相川書房、二〇〇一年
トライワークス編『一〇〇人のお産一〇〇人の産声』本の泉社、一九九九年

第6章

障害を抱えている人の社会参加のかたち
——車いすでも旅行ができる——

私たちの周囲を見渡したとき、知り合いや親戚のなかにひとりぐらいは体の不自由だったり何らかの障害を抱えている人を思い浮かべることができるのではないだろうか。高齢のために思うように体を動かすことができなかったり目や耳が不自由だったり、体が弱くて無理がきかない人などが思い浮かぶ。

ところが、体の不自由な人でも自分がよく知っている人は、障害者という認識よりも、ひとりの人間としての○○さんであろう。つまり、○○さんたちは障害を抱えているからといって特別な人ではない。同じ地域で生活する仲間なのである。

今、筆者はとりあえず元気であるが、明日はわからない。交通事故や病気などでいつ障害を抱えて生活しなければならなくなるか誰もわからない。そして筆者は、たとえ障害を抱えたとしても自分の自由な意思で外出をしたいと思っている。

第1節■障害を抱えて生活する人の家族の孤立と社会参加——地域生活を考えよう

ひとりで身の回りの始末ができず、家族やヘルパーの介助が必要な人が、「楽しみのために出かけたい」といったとき、「なんてわがままだ」という意見は、まだまだ当たり前のように思われている。これは本当に当たり前の意見なのだろうか。何らかの障害を抱えて介助がなければ生活できなくなったとき、私たちには生活を楽しむ権利はないのだろうか。私たちはどんな状況にあろうとも「普通（ノーマル）」の生活を送ることを補償されているのではなかったのだろうか。それがノーマライゼーションといわれることであろう。

しかし、周囲の支援を仰がなければ外出できなくなってしまった人が、自分の楽しみのために「外出したい」と、なかなかいい出せないのが現状であろう。もちろん、何が何でも、自分がしたいことを必ず実現させなければならない、などと我をはる気は毛頭ない。ときにはあきらめなくてはならないこともたくさんある。しかし、身体的にあるいは環境の不備などの理由から外出が困難になった人たちがちょっと出かけてみたいとき、「外出したい」と遠慮なくいうことができるような環境と支援がある社会になってほしいと思っている。

本章では、車いすの生活を余儀なくされたAさん夫婦が、無理だとあきらめていた外出ができたことで取り戻した生活の豊かさを紹介したい。そこには、夫Aさんを介護する妻と、その妻を支える多くの人びとの知恵と協力があった。

（1）目の前に広がる樹海と富士の雄大な景色に笑顔と涙がこぼれる時

外出の会に参加する機会を得た筆者は、河口湖周辺でひとしきり遊んだ後、紅葉台に向かった。ワンボックスカー二台と乗用車一台で細い山道を揺られて登った。紅葉台にたどり着いたものの富士山は木々の間から少しみえるだけだった。そこで、階段を登れる人だけが展望台にいこうとしているとき、ボランティアの人たちが誰とはなく車いすの人を車いすごと担いで階段を登り始めたのである。やっと展望台にたどりついた参加者全員が眺めた雲ひとつない富士山の景色。富士を背景に満面の笑みを浮かべて記念写真を撮るメンバー、そのなかでAさん夫婦は号泣していた。

筆者は、仕事の関係で知り合った人たちから「外出したいけど介助者がいないので手伝ってほしい」と、頼まれることが何度かあった。また、移送サービス（移動サービス、あるいはハンディキャブともいう。リフトのついたワンボックスカーをボランティアが運転し、外出が困難な人たちの外出支援をしている）団体の交流会のボランティアを頼まれたり、バザーの手伝いをしたりするなかで、移動困難を抱えている人たちの日常生活での不自由さを身にしみて感じてきた。

今、自由に自分の意思であちこち出かけられている人でも、いったん事故や病気になり何らかの障害を抱えてしまうことを思うと、障害を抱える人びとの問題は、明日はわが身のテーマなのである。もし、障害を抱えていても、外出することができれば社会参加も可能である、外出できることで広がる興味は未曾有となる。そして、人と直接会うことでコミュニケーション豊かになり、生活している地域に出かけて地域の人のなかで暮らすことができる。これが生活というものであろう。

（2）車いすで「外出訓練」

筆者が非常勤で勤務していたN区の障害者福祉センター（B型障害者福祉センター。以下、センターと記す）では、障害を抱える人たちの地域リハビリテーション事業を行っている。このプログラムのひとつに「外出訓練」がある。ひとりで外出することが困難となった人たちを小グループや単独で公共交通を利用し外出体験をするプログラムである。なかには発病以来十数年も電車に乗っていないという人もいる。彼らは、今どきの自動改札もテレビの映像でしか知らず、驚くことばかりのようである。車窓から外を食い入るように眺め、心なしかうっすらと涙をにじませている様子であった。しかし、この「外出訓練」で外出を楽しんだ人たちの多くが、その後の生活でも家族などと自由に外出ができているわけではなかった。

車いすで電車に乗るということは、今ではそれほど困難なことではなく、改札口で駅員に声をかければ駅員が車いすを介助し、電車の乗降口には「渡り板」というスロープを渡し、安全にスムーズに乗降ができるようになっているのだが。しかし、実際に「外出訓練」の経験を生かして日常的に外出が可能になるというわけにはいかないようである。その後の彼らの行動をみてみると、地域のボランティアが運行する移動サービス団体の交流会での外出や、障害を抱える人たちの団体旅行などに参加することはあっても、個人単位での行動は少ない。

また、日常での通院にはタクシーや移送サービスを利用しているため、自分たちで自由に公共交通を利用した外出を躊躇している人が多かった。このような現状を目の当たりにして、筆者はどのようなサービスがあればもっと自由に外出することができるのだろうかと思い、外出支援を考え続けるようになった。本章では、夫が障害を抱えることになったAさん夫婦の事例をとおし、外出という行動から、地域での生活や社会参加について考えてみる。

第2節■Aさん夫婦の足あと――ある日突然夫が倒れた

(1) 妻は介護に明け暮れ、無我夢中で毎日が過ぎる

Aさんは、自営業を営み、妻と二人で暮らしていた。介護保険制度が始まる何年か前、五〇歳代の半ばに脳血管障害で倒れた。後遺症として右半身麻痺と失語症が残った。Aさんは意味ある言葉を殆ど話すことができず「はい」「いいえ」の意思表示もはっきりしないときがある。計算など数字についても間違えが多い。文字の理解も不明な部分が多い。したがって、Aさんが何をいいたいのかは言葉(意味不明の場合が多い)の調子や顔の表情から推し量らねばならず、夫婦の間に行き違いも多く、言い争う場面をよくみかけた。重度の半身麻痺でひとりで立ちあがることができず、食事やトイレ、入浴などの日常生活全般に介助が必要である。

退院はしたものの自宅のなかでも車いすの生活となる。そして、言葉のリハビリをセンターで受けられることがわかり、センターのリハビリ訓練に通うことになった。通所は巡回バスもあるがバスポイントまで送迎しなければならず、妻は自分で運転して送迎することにした。

受け入れ側のセンターでは、言語療法のほかに運動療法、作業療法、レクリエーションのメニューが提供されることになった。介護保険施行前のN区ではセンターの訓練は本人のニーズに合わせて目

標を設定し、ある程度目標が達成されると順次終了していた。早い人では数回の通所で解決する場合もあるが、通常二、三カ月から一年、長い人では機能維持のために開館当初から十数年あまり通所している人もいた。

このセンターでは、これらの訓練をしながらセンターで行われている自主活動を紹介している。療法士によるリハビリを経てレクリエーション活動のプログラムを経験し、自主活動へと活動の場を変えていく人が多かった。また、自主活動のメンバーも新しい通所者が来ると声をかけ、仲間づくりに余念がなかった。

一方で、センター職員は、Aさんの様子をみながら、本人や家族との話し合いを続け、保健師や社会福祉主事をとおして区の福祉サービスやボランティアの提供するサービスを紹介したり、在宅生活を維持するための方策を考えていた。また、センターは、区の障害者担当のワーカーや、時には生活保護のワーカーとの連絡調整もしていた。

(2) 地域リハビリテーション――在宅生活を続けるための支援とは

妻の熱心な様子にくらべ、Aさんはあまり乗り気な様子ではなく、無理やり連れてこられているように思われた。Aさんのリハビリ訓練の間、妻は休憩室で他の利用者や家族の人たちとおしゃべりをしていたが、時には、近くの商店街に出かけ買い物をしたりしていた。Aさんの妻は、そのうち、買い物にいけない人たちのお弁当を買ってきたり、お茶を入れたりと夫以外の人たちの面倒もみるようになっていた。また、センターの部屋を借りて行われている音楽療法の会（区内の障害者団体が主催する自主事業）に誘われ、参加するようになる。そして、この会では年に一回、一泊二日の旅行があり、誘われるが、全介助状態の夫とともに旅行することは無理とおもい断っていたのである。

Aさんのリハビリも一年以上たち、そろそろ終了の話が出てきたとき、訓練利用者・修了者で構成されたマージャンの会を職員から進められ入会する。この会はマージャンの上手な頸椎損傷の利用者Tさん（彼は首から下が麻痺しており、唯一少しだけ動く右腕で電動車いすを操作している）が指南役で初心者も参加できるものである。マージャンパイを扱うことがむずかしい人やルールがよくわからない人にはボランティアがつき援助してくれる。Aさんは、失語症があるためマージャンは無理ではないかと思われたが、日ごろの訓練場面とは違いマージャンをする姿は、生き生きとしていた。

（3）生活を豊かに――「遊歩会」で楽しい外出

夫と外出をしてみたいが自家用車での通院以外に外出はしていないという話から、Aさん夫妻は外出を楽しむ「遊歩会（UFO会）」に誘われた。この会は運動療法に通っていた利用者のひとりが発起人となり、障害を抱えている人たちで立ち上げた会である。ひとりで外出できる人、ボランティアの介助で外出する人など、それぞれの能力に応じた方法で会の活動に参加する。会員が全員で、月に一回の外出計画をセンター近くの喫茶店に集まり、自分たちで計画し、一〇人前後のグループであちらこちらに出かけているのである。外出をためらっていたAさん夫婦も何度か誘われるうちに、疑心暗鬼ながら入会した。

初めての外出は、隣区の区役所にある展望レストランであった。会員が予約したハンディキャブに乗り区役所に到着した。展望スペースに全員が移動して近くの遊園地の花火を見物した。ガラス越しに花火が上がるたびに歓声があがった。Aさんもビールで乾杯し、おいしいフランス料理をたべての花火見物は二時間ほどの外出だったが、楽しい時間を過ごすことができたようである。

（4）外出できるようになって――妻の手記から

妻はこの様子を会報で以下のように書いている。「UFO会を知って」[1]と題し、「頭の中では、障害者になった主人を理解しているつもりが、元気なときの主人に戻ってほしく、空しい心だけが先走る。二四時間の看護、疲れていました」「UFO会に来たハンディキャブを利用して参加」「一日楽しく過ごせたこと忘れないです。何度かの外出で電車での外出も可能になりました。心を閉ざしていた主人もUFO会で外出する度に笑顔が戻ってきたよう」だと書いている。実際に、会に参加後しばらくたって筆者はAさんと会う機会があったが、表情が豊かになり、言葉も以前より喋れるようになり、コミュニケーションが楽になっていた。そして「ひとりではなにもできなかったのに会員の皆様と共に車椅子で外出できること」「毎月一回の外出、集い（定例会のこと、筆者注）に参加し、楽しい一日を過ごす。〝感謝〟」とある。

さらにAさん夫妻は、すっかりあきらめていた泊りがけの旅行にも参加した。「小淵沢一泊旅行」[2]には、「主人発病して四年目一泊旅行が出来た」と書いている。出かける前は心配が多く気をもんだが、しかし、「本当によい旅、心に残った旅行」となった。外出先で「記念に写した一枚の写真が今年の年賀状として我が家の幸せを多くの方々に届けることが出来」た。さらにサントリーウイスキー工場について、「あの雄大な敷地に立つだけで気持ちにゆとりが出来るのです。今の私たちには気持ちのゆとりが必要」であり、「あきらめていた泊りがけの旅行が実現し、本当に心に残る旅でした。ボランティアの方々ありがとうございました。やっぱり皆で行くので（泊りがけの旅行に）行かれるの」だと述べる。そして、この旅行がきっかけで、Aさん夫妻は、参加を見合わせていた親戚との旅行にも出かけることができたという。

この旅行について『UFO ANNUAL 1999–2000』[3]の巻頭で、代表のBさんは「車椅子を連ねて、日本一高い鉄道駅・小海線、『野辺山駅』に立ちました。快挙！　この一年の最大の出来事。もう、映像でしか目にすることができないと思っていた山の景色。八ヶ岳、南アルプスの山々のまえに立ち、高原のひんやりした空気を、胸いっぱいに吸い込み、大自然から、元気をいっぱいもらってきた」、と書く。参加したメンバーの感激ぶりが目に浮かぶ。

（5）人とのつながりができた——Aさんの現在

介護に明け暮れする家族と要介護者が、無理をしてでも外出の機会を作ることで、気分転換ができ、人と交わることで笑顔が戻る。これは介護者である家族にとっても介護がむくわれる一瞬であり、また、思うようにならない身体を抱えた要介護者にとっても楽しみとなっているようだ。

その後、介護保険制度が始まりAさんは要介護5（最重度）の判定が出たが、現在は要介護4になっている。週三回デイサービス（通所介護）を利用している。妻が仕事に出ているときは、日中週一時間のホームヘルプサービス（訪問介護）、他の日には友人がボランティアで介護をしている。そして、障害者センターでの音楽療法とマージャンサークルは続けている。センターに来れば顔なじみの人たちが相変わらず自主グループ活動にいそしんでいる。この休憩室では、介護保険や福祉サービス、また買い物の話などさまざまな情報が、暖かい笑顔とともに迎えてくれる。休憩室は、Aさんや妻にとってもほっとする空間であろう。

第3節■障害を抱える人が外出する方法とノーマライゼーション

(1) ノーマライゼーションと外出困難・移動支援

障害を抱えていても、毎日の生活をその地域で暮らす人たちと同じように普通(ノーマル)に生活ができるような社会でありたいというのがノーマライゼーションの考えである。一九七五年に第三〇回国際連合総会において採択された「障害者の権利宣言」で、障害者は、「人間としての尊厳が尊重される生まれながらの権利」「市民と同等の基本的権利」「通常の十分満たされた相当の生活を送ることができる権利」を有することが述べられている。この背景には一九五〇年代にデンマークやスウェーデンの知的障害者の親の運動から始まった、ノーマライゼーションの理念がある。デンマークのバンクーミケルセンは、「知的障害の人たちが普通の人々にできるかぎり近い暮らしをすること」を提唱し、それをノーマライゼーションと呼んだ。スウェーデンのニィリエは「ノーマライゼーションとは、知的障害のある人たちの生活のリズムや状況を、社会一般の人びとの住環境や生活様式にできるだけ近いものにすること」といい、①一日の普通のリズム、②一週間の普通のリズム、③一年の普通のリズム、④当たり前の成長の過程をたどること、⑤自由と希望をもち、周りの人もそれを認め、尊重してくれること、⑥男性、女性どちらもいる世界に住むこと、⑦平均的経済水準を保証されること、⑧普通の地域の普通の家に住むことという「八つの原則」を定義づけている。

ところで、移動困難を抱えていると、職場に通勤をして仕事をしたり、買い物に出かけたり、友人と会うなどのことが自分ひとりでできなくなる。これらの行為は私たちの生活では当たり前（ノーマル）に行われていることである。自宅から出かけることによって地域社会の一員としての役割が遂行できることが多い。したがって、移動困難を抱えている人が外出するための移動支援が必要となる。

（2）ＷＨＯの障害観と外出を可能にする条件

障害に関する国際的な分類として、世界保健機構（ＷＨＯ）が二〇〇一年五月の総会において国際生活機能分類（ICF, International Classification of Functioning）を採択した。これは一九八〇年に発表した「ＷＨＯ国際障害分類（ＩＣＩＤＨ）」では身体機能の障害による生活機能の障害（社会的不利）を分類するという考え方が中心であったのに対し、ＩＣＦは環境因子という観点を加え、本人の能力だけではなく環境によってその生活機能は変化するという考えを明確化している。本人の心身機能・身体構造、活動、参加という三つの側面から評価する。個人の生活機能は、健康状態（障害というマイナスな言葉ではない）と背景因子（すなわち、環境因子と個人因子）との間の、相互作用あるいは複合的な関係とみなされている。

外出するときに何らかの介助や配慮が必要な人とはどのような人であろうか。高齢のために心身の機能の低下や、障害をもっているとき、移動が困難となるが、しかし、高齢者や障害を抱えている人がすべて移動に困難を抱えているわけではない。また、いわゆる健常者といわれる人であってもけがをした人、妊婦、子ども連れの人、大きな荷物をもっている人などは移動に困難を抱えているといえる。外出に困難を抱える人のことを「交通する上で何らかの身体的な障害やハンディをもつ人」であり、「モビリティハンディキャップ」「移動制約者」「交通困難者」「交通障害者」などと呼んでいる。

外出を可能にする条件も同様な視点から検討できよう。外出とは、①自宅から目的地までの移動と、②目的地での活動、そして、③目的地から自宅までの移動と考えられる。外出を可能にする条件とは、これら三つの過程の連続性を確保することである。したがって、外出支援とはこれらのすべての場面で困難がないように支援・改善することである。外出する本人や支援をする人が外出を計画する場合、移動の連続性の確保が検討事項となる。

（3）わが国の障害者計画と地方行政が提供しているサービス

わが国では「障害者基本法」に基づき二〇〇二年一二月「障害者基本計画」が閣議決定された。そして、この計画を具体化させるための重点施策実施計画である「障害者プラン」が同時期に、障害者施策推進本部において決定された。計画期間は二〇〇三年〜二〇一三年度までの一〇年間である。プランの理念は、「ノーマライゼーション」「リハビリテーション」を継承するとともに、国民誰もが相互に人格と個性を尊重し支えあう共生社会の理念の下に、障害のある人が社会の対等な構成員として人権を尊重され、自己選択と自己決定をし、社会活動に参加・参画し社会の一員として責任を分かち合う社会の実現を目指す。また、障害のある人の社会への参加・参画を実質的なものとするためには、障害のある人の活動を制限し、社会への参加を制約している諸要因を除去するとともに、障害のある人が自らの能力を最大限発揮できるよう支援することを求めている[4]。

実際のサービスをみてみると、介護保険の場合、楽しみのための外出が認められていない。医療機関への通院の同行は認められているが、介護保険の利用限度額が限られているため、長時間かかるので限度額以内に計画を組み入れることはむずかしい。日常生活で必要なものの買い物については単価の安い生活援助というかたちでヘルパーが代わりに買い物をしてくる場合が多い。たとえば、自分が食べたり使ったりするものを自分の目で確かめて買いたいと思っていても身体が不自由になったことであきらめてはいないだろうか。

障害者の支援費制度では移動介護が認められており、ある程度外出の支援がある。しかし、知的障害を抱える人の場合、ひとりでは外出できないばかりではなく、外出先での活動全般に関して声かけやわかりやすく説明をするなどの支援が必要な場合が多い。たとえば、プールに遊びに行きたいと思った場合、目的地までの移動は移動介護が認められても、外出先では施設側に監視員がいるということで、個人的に支援することが認められていない。しかし、プールの監視員は、現状では障害を抱えている人に個人的に援助できるわけではなく、知的障害を抱える人たちは、初対面の人から援助をうけることがむずかしく、楽しみにしているプールに出かけることが困難になっている。

地域行政が提供する障害者のための講習会や青年教室などの社会参加プログラムについても送迎サービスのないことが多く、自力で参加できる人という条件がついている場合が多い。これでは、せっかくの企画も参加できないことが多い。移動に支援が必要な人ほど特別なプログラムが必要だと筆者は考えるのだが。また、行政が提供する送迎サービスは通勤や通学には利用できない。養護学校には送迎バスがあるが、普通の学校や大学、専門学校に通学しようとすると毎日の通学を家族が行なわなければならない。ひとりで外出できなくても外出先に出かけることができれば可能な活動は多いのに、これらの活動のための移動手段がないのが現状ではないだろうか。移動困難を抱えている人は前述のような活動ができないと思われているのだろうか。

理念としては、障害があってもなくても、誰もが社会の一員として参加・参画できる社会をめざしているが、現状は、予算がないということで各種のサービス提供量は制限され、必要なサービスが地域に存在しないなど、高齢者や障害を抱える人にとっては、生活が制限されることが多いのではないだろうか。

(4) 利用できるサービスの種類

ひとりで外出できないとき、どのような支援がなされているのだろうか。支援の内容には、経済的負担を軽減するものや本人の身体機能を補助するための物的・人的支援、そして、バリアフリーの街づくりなどの環境整備が考えられる。以下に具体的なサービスを内容ごとに分類し述べる（図6-1参照）。

① 経済的支援

公共交通料金の割引、自家用車の燃料費補助、自家用車改造費用の補助などがある。

図 6—1 移動支援の分類

分類	サービス内容	サービス提供元	費用	対象者
経済的支援	公共交通料金の割引	交通事業者	割引	障害者手帳 療育手帳 精神障害者手帳所有者
	シルバーパス	市区町村	所得により一部負担	高年齢
	タクシー券支給	市区町村	初乗り運賃など月 2、3 千円程度	障害者・高齢者
	自家用車改造費補助	市区町村	所得により一部負担	障害者
	自家用車の燃料費補助	市区町村		障害者・高年齢
物的支援	車いす、シルバーカー、杖などのレンタル	介護保険	レンタル料金の 1 割負担	高齢者
	車いす、シルバーカー、杖などの支給	市区町村	所得により一部負担	障害者
	舗装具(支柱付きの靴など歩行しやすいようなもの)	市区町村	所得により一部負担	障害者
人的支援	ヘルパーの同行・移動介護 ガイドヘルパー	介護保険 支援費制度	介護保険：一割 支援費：所得により一部負担	高齢者 障害者
	ボランティアの同行	ボランティア	無償あるいは活動場所までの交通費程度の謝礼	必要な人
	交通ボランティア	駅などに常駐して支援する	無料	必要な人
	家族や友人知人の同行	家族・友人・知人	無料	必要な人
	公共交通機関の駅での駅員の介助・誘導	公共交通機関	無料	必要な人
環境整備	住宅改善(手すりの取り付け段差の解消)	介護保険 障害者福祉	介護保険では 20 万円までの決められた範囲の改善は 1 割負担 自立高齢者にも介護予防で支給される場合がある。障害者は所得に応じた一部負担がある。	高齢者 障害者
交通機関	公共交通機関のバリアフリー化・ユニバーサルデザイン化	交通バリアフリー法、福祉の街づくり条例など	公費の補助金が出る場合もある。	
	福祉タクシー	市区町村が交通事業者へ委託する	タクシー券使用する。無料で回数制限がある場合もある。 タクシー運賃と同様の料金を支払う場合もある。	
	ハンディキャブの運行	社会福祉協議会 ボランティア団体	登録が入会や必要会費の支払いと利用時には燃料費などの必要経費負担	必要な人(団体により利用できる範囲は違う)
	介護タクシー	タクシー事業者	介護保険の乗降介助	

② 物理的支援

手動・電動の車いす、杖、シルバーカーなどが考えられる。介護保険ではレンタルで、障害者の制度では給付される。歩きやすい靴や足につける装具も歩くために必要となることがある。

③ 人的支援

介護保険や支援費支給制度の訪問介護で行われる通院同行や移動介護。ガイドヘルパー制度、ボランティアや家族・知人の介助、駅員の乗降介助や介護タクシーの乗降介助、本章の事例のような外出の会も人的支援のひとつの方法であろう。

④ 環境整備

住宅改修で屋内や玄関から道路までに手すりやスロープをつける。公共建築物の段差の解消やエレベーター、エスカレーターの設置などが考えられる。ハートビル法（「高齢者、障害者当が円滑に利用できる特定建築物の建築促進に関する法律」一九九四年九月施行）、交通バリアフリー法（「高齢者、身体障害者等の公共交通機関を利用した移動の円滑化の促進に関する法律」二〇〇〇年一一月施行）、福祉の街づくり条例、などによる規定がある。

交通機関の配慮としては公共交通機関での車両の改造がある。ノンステップバスや車両の改造では持ちやすい手すり、車いす用のスペースなどがある。

また、公共交通だけでは外出できない人専用の特別の交通手段（スペシャル・トランスポート・サービス）がある。具体的には以下のものがある。

① **ハンディキャブ**

社会福祉協議会やボランティア（NPOも含む）団体が会員制や登録制で移送サービスを提供している。車いすのままで乗れる、リフト付きのワンボックスカーや会員の自家用車を使って送迎サービスをしている。利用した場合は必要経費（燃料代、高速運賃など）を支払う。

② **福祉タクシー（タクシー券）**

市区町村がタクシー事業者などに委託して、リフト付きのワンボックスカーによる移動サービスを通常のタクシー料金に準じた料金で運行している。この料金支払いに関して、月五千円前後のタクシー券を行政が給付して、初乗り料金などを援助している。利用する人の条件は行政により多少の違いはあるが、高齢者や障害者手帳で歩行が困難と認められる人などである。

③ **介護タクシー**

二級ヘルパー資格をもっている運転手による乗降介助付きで、タクシー事業者が乗降介助部分を介護保険の給付を受けて運行するもの。多くは運賃を取らず前後の介助料（介護保険の通院等乗降介助と移動サービス利用料）だけでサービスが利用できる。これらのサービスには、介護保険や支援者、市区町村の福祉サービスあるいは交通事業者が顧客サービスとして提供するフォーマルサービスと、ボランティアや家族・知人によるインフォーマルサービスの二つがある。

第4節■私たちがいつまでも地域で楽しく生活できるように

（1）Aさん夫婦の生活の広がり――利用したサービスやネットワーク

①　Aさんの場合

行政が提供するフォーマルなサービスと障害を抱える仲間の自主的な活動や友人知人の手助けインフォーマルなサービスを利用することで、Aさん夫婦の生活は豊かになり、Aさんや妻の顔に笑顔が戻ってきた。私たちは障害を抱えることで、日常生活に何らかの支援が必要となったとき、その年齢により介護保険や支援費制度を利用して必要なサービスを利用する。しかし、これらのフォーマルサービスだけでは毎日の生活に十分なものではない。Aさん夫婦の場合、食事や清潔を保つことなどの日常的な介護は妻がしていた。Aさんの身体機能の回復や維持のために障害者福祉センターで行われている機能回復訓練事業を利用していた。センターではAさんに機能訓練を実施し、車いすや装具などの作成の援助をしている。Aさんと妻には今後の生活についてサービスの利用方法や当事者活動の紹介や相談に応じる。介護保険制度が始まるころ、Aさんはセンターの機能回復訓練が終了となり介護保険のサービス利用に切り替えられた。介護保険ではデイサービス（通所介護）とホームヘルプ（訪問介護）を利用している。車いすや介護用ベッドは制度開始前に障害者の制度により支給されていた。このセンターで紹介され、同じ地域で生活する障害を抱えている人たちと知り合い、音楽療法のグループやマージャンサークル、外出の会などに参加する。Aさんや妻はこれらの人たちとの交流のなかで、障害を抱えていても生活を楽しんでいる人たちがいるということを知る。Aさん自身もセ

表 6—2　Aさんが利用したサービス

	フォーマルサービス	インフォーマルサービス
Aさんへの支援	センターの訓練（PT・OT・ST） 介護保険のサービス（デイサービス・ホームヘルプサービス） 障害者福祉（車いす支給、舗装具）	マージャンサークル 音楽療法 外出の会 友人のボランティア
家族への支援	センターの相談事業	センター利用者からの情報入手 グループ活動での役割 友人の協力・心配

ンターにでかけて多くの人と接することで表情も豊かになり、コミュニケーションも以前に比べスムーズになっている。Aさんが利用したサービスを分類すると表6-2のようになる。

② その他の場合

Aさんのように中途で障害を抱えてしまった人には年齢により介護保険や支援費制度のサービスが利用できる。要介護状態になりサービスを必要とする場合、まず、地域の役所に家族や本人が出向き相談をしてサービスの利用方法を知る。また、病気やけがで入院をしていた場合には病院の相談室（病院ソーシャルワーカー）で退院後の生活に必要な手続きを教えてもらうこともある。相談員がどれだけの情報を提供できるか、あるいはその人との関わりが継続的であるか一時的なのかによって、利用できるサービスの選択も変わってくる。また、相談に出向くとき、相談者が今何に困っているかを伝えることができなかったり、あるいは困っていること自体に気づかないと、わざわざ役所に出かけていったにもかかわらず、必要な情報を得ることができず、何度も聞きにいかなければならないとか窓口をあちらこちらと回されるなどのことが起こる。実際には利用できるサービスがあっても知らずに過ごしている場合も多い。具体的には高齢者の自立支援事業では地域により配食サービスや布団乾燥サービス、紙おむつ代の補助など利用できるサービスがあるにもかかわらず知らずにいることがある。そして、役所ではインフォーマルサービスの情報を得ることがむずかしい場合が多い。

介護保険では要介護認定が行われ介護度によって利用できるサービスの量が制限される。その制限範囲のなかで自分の生活に一番適したサービスを選択するわけである。ケアマネジャー（介護支援専門員）と相談しながら毎月の介護計画をたてる。本来、ケアマネジャーは介護保険のサービスだけでなく、行政の福祉サービスや地域のインフォーマルサービスも含めて計画をつくることができるが、時間的な制約やケアマネジャーの資質にもよりなかなか十分な計画を立てるまでにはならないのが現状であろう。

支援費制度では本人の申し出に基づいてサービスが提供されるが、行政が本人の状態をみて利用量を決めることになっているが、当初予想した利用量を大幅に上回る申請があり、制度発足の初年度から予算不足が生じている。介護保険においても十分なサービス量を確保することがむずかしく介護度の軽い人へのヘルパー利用を制限することが検討されている。何らかのサービスを利用して生活したいと考える人が予想を大きく上回っている現状のなか、必要なとき気軽に利用できるサービスが提供されるためには経済的な負担を少なくするか必要な費用を利用者に支給するかどちらかであろう。予算がないからサービス提供を抑制するというのでは、いったん障害を抱えてしまったら不十分なサービスしか提供されず、不自由な生活を送ることを余儀なくされるのであろうか。国が掲げる理念はどうなるのであろう。今後は、障害を抱えて生活するということはどのようなことなのか、また、私たちは障害を抱えていても地域で当たり前の生活を続けるためにどのようなサービスが必要なのか。またこれらのサービスはどこまで公的なサービスで提供しなければならないのか、今後十分な話し合いと実態の調査などを通じて検討が必要であろう。

多くの人たちは同じ地域で同じように障害を抱えて生活している人たちと知り合う機会はあまりなく、せいぜい知り合いの人からの間接的な情報が得られる程度ではないだろうか。専門職の相談員やケアマネジャーが話してもなかなか実際の生活での不安は軽減しにくいことについても、同じような障害を抱えている人本人や家族が話せば説得力もあり、生活の知恵も得られる。家族同士本人同士が励ましあうことも重要ではないかと考える。少なくともAさんの場合は多くの仲間に支えられて生活が豊かになった。

（2）「遊歩会」の果たした役割

①　Aさんと「遊歩会」

Aさんの場合、「遊歩会」との出会いは大きい。Aさんは外出する場合、妻が運転する車で移動する。常に介護が必要なAさんにとって、旅行ができるとは思っていなかった。ところが「遊歩会」の活動に参加することで、気のあった仲間と一緒に移送サービスの利用や公共交通を利用して外出する手段を知り実際に一緒に出かける経験を重ねた。あきらめていた泊りがけの旅行も会のメンバーと一泊旅行に出かけることができた。この経験から親戚同士の旅行にも参加することができるようになった。会の活動だけではなくAさんの日常生活にも外出経験がいかされた。また、この会は障害を抱える人たちだけで運営されており、外出計画も毎月の会合で話し合われ、会員全員で外出計画をたてている。Aさん夫婦も計画を立てる段階から参加し自分たちが行きたいところに出かけることができる。会報も年一回発行され、活動報告とともに会員の声が載せられる。Aさんの妻は、会の活動に参加することで、外出の機会が増え、会のなかでの役割もあり、忙しいといいながらも充実した生活の一部となっている。Aさんも外出を楽しみにしており、活動に参加する、しないは、自分で判断している。この「遊歩会」の外出は女性が多いせいもありとてもにぎやかである。皆この外出を楽しみにしており、少々無理をしても楽しい一日を過ごすことを大切にしている。外出で疲れてしまい翌日は寝込んでしまっても仲間に会える喜びには変えられないというメンバーもいる。

生きていてよかったと実感できることは大切である。障害のある人びとはときに、生きていること事態が周囲の迷惑になっているのではないかと思案しがちであるが、生活するということは、ただ単に命を長らえることではなく、日々に希望や楽しみをもつことではないだろうか。たとえ寝たきりといわれるような状態になったとしても、かけがえのない家族の一員、地域社会の一員であることには変わりない。その人がもてる能力を活かして生きていくことは可能であろう。閉じこもりから脱却し社会参加するためのひとつのきっかけとして、遊歩会のような活動は、有効な手段となろう。

外出に困難を抱えている人が自由に外出できるようになるまでの過程を支援するしくみは考えられていないのが現状であろう。確かに移動困難を抱える人が利用できる複数の交通サービスもあるが、供給量は限られているため必要最小限の外出にも対応できていないのが現状である。(5)

外出に困難を抱える人の外出支援には交通機関や建物などのハード面の環境整備と並んで情報提供と、ガイドヘルパーやボランティアなどの人による移動支援サービスの充実が必須である。また、今回の検討から閉じこもっている人たちへの情報提供と社会参加の促しについては専門職の関わりだけではなく当事者同士の情報交換と外出同行が有効であると示唆された。私たちの社会において、自主グループの活動を有効に利用して、無理なく社会参加を促していくしくみづくりも一方法ではないだろうか。

②「遊歩会」のなりたちにセンターが果たした役割

ところで遊歩会の立ち上げと継続には行政の住民サービスが大きく後押しをしている。まず、障害者福祉センターでの通所リハビリテーション事業に通っていた人たちが外出方法の情報提供や、リハビリ仲間と知り合い、会を立ち上げようと考えた。そもそも一緒にリハビリをする仲間の存在があったために、「自分の喜びを仲間にも味わって欲しい」と思うことから会が立ち上げられており、訪問によるリハビリではこのような考えが出てこなかったのではないだろうか。また、会のメンバーについてもセンターの職員が会の趣旨を聞き、会に参加できそうな利用者に声をかけた。会発足のための話し合いにはセンターのロビーが利用されており、その後の定例会は貸し部屋で開かれることもあった。当事者同士の自主グループ立ち上げには、活動したいというメンバーだけの力だけではむずかしく、周囲の人たちによる有形無形の支援が必要となろう。また、このような自主的な活動が当事者の生活に与える影響を考えるならば、意識的に自主グループを立ち上げ継続させるための支援を行うことができるしくみを考えてみてもよいのではないだろうか。

移動困難を抱える人たちが外出するには手間がかかるが、出かけることができた喜びは大きい。そして、家に閉じこもり鬱々として過ごしている人を見守る家族（介護者）からすれば、嬉々として外出し、その楽しさを語ったり、無言でも明るい表情を見せる家族（要介護者）を介護するほうが毎日の生活が前向きとなるのではないだろうか。たとえ、一日の外出でくたびれてしまい次の日には寝込んでしまったとしても出かけたという経験は、きっと、これからの生活を豊かにするはずである。

今では会のメンバーは外出先での周囲の人とのふれあいや思わぬトラブルも楽しい思い出のひとつにしてしまう。外出に慣れてくれば、車いすでの単独外出も可能になり、ひとりで出かけるスリルと楽しさも加わってくるようである。とくに電動車いすを利用するようになれば、自分の都合だけで外出が可能となり見違えるように明るくなった事例もある(6)。

遊歩会の活動をとおし、自分の自由な意思で移動できるということは喜びだけでなく、コミュニケーション豊かに人とのかかわりにも大きな部分を占めていることが示唆されたのではないだろうか。そもそもわれわれは動物つまり動くものであり、毎日の活動は移動を伴うものが多い。しかし、高齢者・障害者の地域計画をみてみると、社会参加・交流があげられているにもかかわらず、このような活動に欠かせない移動支援について地域計画における位置づけは曖昧であった(8)。

筆者は時間をつくりセンターに出入りしている人たちにときどき会いにいく。そして、重度の障害を抱えていても明るく楽しく、グループ活動に参加する人たちに元気をいただいている。

最後に本事例を掲載することを快く承諾をしていただいたAさん夫妻ならびに遊歩会の代表やメンバーに心から感謝する。

注

(1)『UFO ANNUAL 1998-1999』遊歩会年報、創刊号

(2)『UFO ANNUAL 1999-2000』遊歩会年報第二号、平成一二年三月

(3) 同上書

(4)『平成一五年版 障害者白書』

(5) 亀井芳子「移動困難を抱える高齢者・障害者への移動支援—東京都二三区の移送サービス団体の調査から」二〇〇一年度東洋大学大学院修士論文、二〇〇二年、九〜一一頁

(6) 崎原秀樹・小高恵子・渡辺さざれ・亀井芳子「移動困難を抱える人の社会参加—外出できることの意味と移動支援のあり方を考える」日本発達心理学会第一三回大会発表論文集二〇〇二年

参考文献

亀井芳子「移動困難を抱える人の社会参加」『社会福祉を創る』学文社、二〇〇二年

森岡正博『生命学に何ができるか 脳死・フェミニズム・優性思想』勁草書房、二〇〇一年

京極高宣『障害を抱きしめて』東洋経済新報社、二〇〇二年

久保紘章・石川到覚『セルフヘルプ・グループの理論と展開』中央法規出版、一九九八年

手塚直樹『障害者福祉とはなにか』ミネルヴァ書房、二〇〇二年

佐藤幹夫『ハンディキャップ論』洋泉社、二〇〇三年

西浜優子『しょうがい者・親・介助者—自立の周辺』現代書館、二〇〇二年

成瀬史恭・長渕晃二『障害があるからこそ出かけよう』地域福祉実践シリーズ4、筒井書房、二〇〇三年

参考資料

厚生労働省『平成一五年版　障害者白書』
厚生労働省社会・援護局障害保健福祉部企画課『国際生活機能分類－国際障害分類改訂版－』（日本語版）の厚生労働省ホームページ掲載について』二〇〇二年八月五日（厚生労働省ホームページ）

ひとりを支える女性たち

二〇〇四年三月二〇日　第一版第一刷発行

著者　WWR研究会

発行所　株式会社　学文社
東京都目黒区下目黒三-六-一
(〒一五三-〇〇六四)
電話　〇三(三七一五)一五〇一
FAX　〇三(三七一五)二〇一二

発行者　田中千津子

落丁・乱丁の場合は本社でお取替します。
定価はカバー・売上カードに表示。

印刷所・中央印刷株式会社

ISBN4-7630-1306-4